すぐに試合で役に立つ！
テニスのルール審判の基本

岡川恵美子 監修　日本テニス協会公認審判員

はじめに

ルールに強くなろう!

　テニスのルールは難しくありません。遊びでテニスを行う場合は、
　「2バウンドまでにボールを打つ」
　「決められた範囲内にボールを返す」
　この2つだけを知っているだけで十分楽しむことができます。
　しかし、試合で、勝ち負けを競う場合は、ルールを知っていないと戦えません。例えば、ルールを知らなければ、「どちらからサーブを始めればいいの？」……そう、スタートからお手上げです。
　本書を手に取った方は、間違いなく、勝ち負けのテニスを体験しているはずです。そして、様々な実体験を経ると、「テニスのルールって結構難しいな〜」と思えてくるのです。
　本書では、実際の試合で起こりうる様々な状況を、「ルールではどう解釈すればよいのか？」ということを念頭に解説しています。
　ジュニアや一般愛好家の試合で審判がつくことは稀です。セルフジャッジの試合で問題が起こったら、自分たちで解決するのが基本です。そのとき、ルールに精通していれば、ネットの向こうにいる相手より、確実に優位な気持ちで戦えます。
　ルールに精通しているということは、それだけ、テニスに真剣に取り組んでいるという証です。「ルールに強くなる」ということは、「テニスに強くなる」ということなのです。

本書の見方

状況
ルールで迷ったときの状況を表示

質問
実戦で起こる迷ったときの具体的な状況を質問形式で作成

回答
質問に対する回答を、ルールに照らし合わせながらわかりやすく解説

068 相手の帽子が風で飛んだとき

質問 プレイ中に被っていた帽子が風に飛ばされて、コート内に落ちてしまいました。このとき、対戦相手が落ちた帽子を見て、「レット」をアピールしてきました。落ちたのは自分の帽子です。自分が「レット」をかけたわけではないので、このままプレイを続行するのが正しい判断ではないのでしょうか?

回答 このケースは「レット」が成立します。インプレイ中にラケット、シューズを除く持ち物を落としたときは、相手選手はいつでも「レット」をコールすることができます。逆に、自分の「持ち物」を落としたときに、自ら「レット」をかけることはできません。

しかし、ルールブックのセルフジャッジの項目には、そうした記述がないので、「持ち物を落としたときはどちらのプレイヤーでもレットすることができる」と思っている人もいます。「持ち物を落としたことにレットをかけられるのは相手選手だけ」という認識をしっかり持ちましょう。

(JTA TENNIS RULE BOOK 2015 P52)

CHECK! プレイヤーの持ち物

質問のケースに登場する「帽子」の他に、プレイヤーの持ち物と判断される物としては、「ポケットに入れたボール」「メガネ」「アクセサリー」などがある。持ち物を落とした場合は、1度目ならレット、2度目以降は、故意による妨害として、失点となる。

069 インプレイ中にシューズが脱げたとき

質問 ラリー中に履いていたシューズが脱げてしまいました。このとき、靴が脱げたプレイヤーは、レットをコールできますか?

回答 インプレイ中、持ち物・着衣を落としてしまう事例に関しては、1回目は意図的ではない妨害として、2回目は故意の妨害と見なされるのが現行のルールです。しかし、シューズはラケットと同様に、持ち物にも着衣にも相当しません。インプレイ中にシューズが脱げた場合は、そのままプレイを続けなくてはいけません。

同様に相手のシューズが脱げたときも、こちらから「レット」はかけられません。と言っても、これは相手が圧倒的に不利な状況。そんな状況で、わざわざ「レット」をかける人はいませんよね(笑)

3

目次

はじめに 2

PART1 ルールの基礎知識

戦うコートの広さは？ 10
ラケットとボールは？ 12
試合を行うときに必要な基礎知識 14

PART2 試合前に注意したいルールについて

001 相手がトスに勝ったとき① 18
002 相手がトスに勝ったとき② 19
003 トスを行うときのマナー 20
004 試合ボールを受け取るときの確認事項 21
005 試合コートの確認事項 22
column1 何人いるかわかりますか？ 24

PART3 試合中に起こる様々な事象

006 サーブがネットに当たってネットの高さが変わったとき 26
007 ラリー中にセンターストラップが自然に外れたとき① 27
008 ラリー中にセンターストラップが自然に外れたとき② 27
009 拾わなかったボールに試合球が当たったとき① 28
010 拾わなかったボールに試合球が当たったとき② 29
011 隣のコートから転がってきたボールに試合球が当たったとき 30
012 隣のコートから飛んできたボールと試合球が空中でぶつかったとき ... 31
013 上げたロブに鳥が当たったとき 32
014 落ち葉に当たってボールがスリップしたとき 33
015 セカンドサーブに入るタイミングで隣のコートからボールが転がってきたとき ... 34
016 インプレイ中にボールを落としたとき 35

- 017 風で飛ばされた帽子が気になってミスしたとき ... 36
- 018 風で帽子が飛んでリプレイザポイントが成立するケース ... 37
- 019 「ウエイト」と「レット」の違いは ... 38
- 020 ラケットがすっぽ抜けたとき ... 39
- 021 ストリングスが切れてもリプレイザポイントが成立しないケース ... 40
- 022 相手がノットレディを表明したとき ... 42
- 023 相手のフットフォールトは取れるのか？ ... 43
- 024 2度打ちしたとき ... 44
- 025 ラケットを投げて相手を妨害したとき ... 45
- 026 アウトボールをノーバウンドでキャッチしたとき ... 46
- 027 タイミング的に微妙な判定になったとき ... 47
- 028 インかアウトの判定を相手に求めたとき ... 48
- 029 インかアウトの判定を周りの人に求めたとき ... 49
- 030 相手が判定を訂正してきたとき ... 50
- 031 曖昧なコールがあったとき ... 51
- 032 レットをかけたタイミングが微妙なとき ... 52
- 033 ハンドシグナルでトラブルになったとき① ... 53
- 034 ハンドシグナルでトラブルになったとき② ... 54
- 035 試合中に用意していた水がなくなったとき ... 55
- **column2** ルールは世界共通 ... 56

PART4 ダブルスの試合中に起こる様々な事象

- 036 ダブルスで2人のラケットがぶつかったとき ... 58
- 037 相手の前衛が変なポジションを取ったとき ... 59
- 038 サーバー側の前衛がサーブのコースを隠すとき ... 60
- 039 ネットインしたボールが前衛に当たったとき ... 61
- 040 ネットインしたボールを前衛がキャッチしたとき ... 61
- 041 ネットポストに当たったサーブが相手の前衛に当たったとき ... 62
- 042 曖昧なコールで揉めたとき ... 63

目次

043 邪魔にならない場所に隣のコートからボールが転がってきたとき … 64
044 同じ組2人の判定が食い違ったとき … 65
045 ズル賢くレットをかけてくる相手と対戦したとき① … 66
046 ズル賢くレットをかけてくる相手と対戦したとき② … 67
047 声を出したことでクレームをつけられたとき … 68
048 サーブがネットしたかどうかで揉めたとき … 69
049 ダブルスの試合でネットの隙間を抜けてボールが返ってきたとき … 70
050 脱げたシューズにボールが当たったとき … 71
051 試合中にポケットからボールが落ちたとき … 72
052 試合中にパートナーのラケットを手にしてプレイしたとき … 73
053 ダブルスでサーバー側の前衛が「レット」をかけたとき … 74
054 ダブルスで一人の選手が戦えなくなったとき … 75
055 ファーストサーブでフォールトになったボールを拾わなかったとき … 76

PART5　知っておきたい特殊なルール

056 セルフジャッジの試合でオーバールールが成立するとき … 78
057 入っていたセカンドサーブを「フォールト」と言ってしまったとき … 79
058 ネットポストの外側からボールが飛んできたとき … 80
059 ネットを越える前に相手ボールを打ってしまったとき … 81
060 バックスピンでボールが相手コートに戻りそうなとき … 82
061 相手のフットフォールトが気になったとき … 84
062 シングルスの試合でダブルスエリアのネットに足が触れたとき … 85
063 シングルスの試合でダブルスエリアにラケットが触れたとき … 86
064 相手コートにラケットを突いてしまったとき … 86
065 手から離れたラケットで打ったボールがエースになったとき … 87
066 ズル賢い相手と対戦したとき① … 88
067 ズル賢い相手と対戦したとき② … 90
068 相手の帽子が風で飛んだとき … 92
069 インプレイ中にシューズが脱げたとき … 93

070	相手の振動止めを自分のコートで見つけたとき	94
071	自分の振動止めが外れたとき	95
072	セカンドサーブを打つ前にシングルス・スティックが倒れたとき	96
073	ネットに付属したスコアボードにボールが当たったとき	97
074	ユーズドボールとニューボールを試合に使うとき	98

PART6 試合方式やスコア、ポイントに関するQ&A

075	ポイントで両者の見解が食い違うとき	100
076	ダブルスでレシーブサイドの間違いに気づいたとき	101
077	ダブルスでサーブを打つ順番の間違いに気づいたとき	102
078	ノーアドでミックスダブルスを戦うとき	103
079	ノーアドの試合で 40-40 になったとき	104
080	ノーアドの試合で通常のデュースゲームのようにプレイしたとき	105
081	ノーアドの試合でアドバンテージサイドのプレイをしてしまったとき	106
082	ダブルスでタイブレークに入ったとき	107
083	タイブレークでサーブを打つ順番を間違ったとき	108
084	ダブルスでスーパータイブレークになったとき	109
085	40-30 なのにデュースサイドからサーブをしてしまったとき	110
086	長時間揉めた後にゲームを再開するとき	111
087	ポイントで見解の相違があったとき	112
088	ポイントが終了してからクレームをつけられたとき	113
089	スコアで相手と揉めたとき	114
090	サーバーが行うべき試合カウントのアナウンス	115
column3	ルールは毎年更新されている	116

PART7 ラケット等用具に関するルールについて

091	すべてのラケットのストリングスが切れて予備ラケットがなくなったとき	118
092	シューズが破損してしまったとき	120

目次

093 試合中に汗で気持ち悪くなったシューズを交換したいとき ····· 121
094 試合中にストリングスが切れたとき ····· 122
095 同じゲームで2本のラケットを交互に使ったとき ····· 123
096 サーブゲームとリターンゲームでラケットを使い分けたとき ····· 124
097 ステンシルについてのルールは？ ····· 125
098 試合中にボールが破損したとき ····· 126
099 着用が認められないウエア ····· 127
column4 そしてラケットバックは膨らんでいく ····· 128

PART8 ルールとマナーの境界線にある事象

100 前衛が相手サーバーを牽制してきたとき ····· 130
101 相手がサーブで時間をかけすぎるとき ····· 131
102 フォールトなのにリターンを打ってくるとき① ····· 132
103 フォールトなのにリターンを打ってくるとき② ····· 133
104 タッチの自己申告① ····· 134
105 タッチの自己申告② ····· 135
106 隣のコートで大きな声を出す選手がいるとき ····· 136
107 サーブを打つとき「待った」をかけてくる相手と対戦したとき ····· 137
108 「イモ審」を仕掛けてくる相手と対戦したとき ····· 138
109 意図的にサーブの邪魔をする相手と対戦したとき ····· 139
column5 審判員への道 ····· 140

基本的なルール解釈度を2者択一で50問
3択で25問（100点満点） ····· 141

column6 気持ちよく戦うために ····· 180
あとがき ····· 182

PART1
ルールの基礎知識

戦うコートの広さは？

意外かもしれませんが、プロ選手でも、テニスコートのサイズを正確に言える選手は多くありません。しかし、野球好きの人なら、マウンドからホームベースまでの距離は「18.44m」と知っているのではないでしょうか？ 自分がやるわけでもない野球のバッテリー間の距離を知っているのに、自分が真剣にやっているテニスコートの広さを知らない、というのは問題です。おおよそでも構わない（縦24m、横シングルスで8m、ダブルスで11m）ので、テニスコートのサイズを頭に入れておきましょう。

【コートの広さ】

テニスコートのサイズは、シングルコートは縦23.77m、横8.23mで、ダブルスコートは縦23.77m、横10.97mです。ダブルスコートのほうが2.74m横に広く、その左右に広くなった部分はアレーと呼びます。

【コートのライン】

コートの縦方向の両端を結ぶラインを「ベースライン」、横方向の両端を結ぶラインを「サイドライン」と呼びます。ネットの両側から6.40mのところで、サイドラインと平行に引いた線を「サービスライン」と呼び、このサービスラインとネットに囲まれた地面は「サービスコート」と呼ばれます。また、このサービスコートを均等に分ける線を「センターサービスライン」と呼びます。

【ネットの高さ】

コートの中央にはコードで吊ったネットが張られていて、その高さは1.07mです。また、ネット中央の高さは0.914mと決められているため、ストラップでコードを押し下げて高さを調整します。このネット中央に設けられたストラップを「センターストラップ」と呼び、ストラップの幅は5cm以下で、色は「白」と決められています。

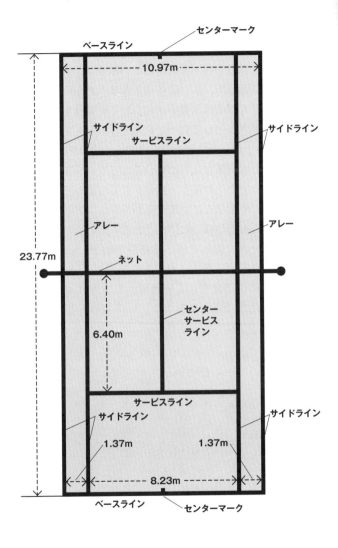

ラケットとボールは？

　試合で使用できるラケットとボールもルールで決められています。と言っても、市販されているラケット、ボールは、ルールに則って、試合に使用できるものが販売されているので、その詳細は本書では紹介していません。

　ただし、小ネタとして知っておくと「へぇ～！」となるのが、ラケットは、長さと面の大きさには制限があるけど、短さと重量には制限がないということです。つまり、どんな「短ラケ」でも、どんな「重ラケ」でも使って構わないということ。そんな人はいませんが、ジュニア用のラケットを使用しても構わないということです。

　また、ボールに関しては、重さが56g～59.4gの範囲内だということを頭に入れておいてください。「ボールの重さは約卵1個分だよ！」と教えてあげれば、確実に「へぇ～！」となることでしょう。

試合を行うときに必要な基礎知識

すでに草大会に出ているような人なら、知っていて当然の基礎知識です。それでも、確認する意味で、しっかりと目を通してください。

試合方式の確認

どんな方式で試合を行うかということは、試合の開催要項に必ず記載されています。特にセルフジャッジで行う草トーナメントなら、6ゲーム先取なのか、1セットマッチなのか、40-40になったら、デュースありなのか、ノーアドバンテージなのか、そういった試合形式を試合前にしっかり確認し、さらにコートに入ったら対戦相手と会話を交わして、共通認識の元に試合に入りましょう。それがトラブルを避けるいちばんの近道です。

1ゲームとは?

テニスはポイントの積み重ねです。テニスの試合はポイント→ゲーム→セット→マッチの順に進行していきます。1ゲームを取るためには4ポイントを獲得する必要があります。ただし、お互いが3ポイントを取り合って40－40（デュース）になった場合は、その後、どちらかが2ポイントの差をつけるまでゲームは続きます。また、得点の数え方は下のようになります。

（得点の数え方）
ポイントなし	0	ラブ
1ポイント	15	フィフティーン
2ポイント	30	サーティー
3ポイント	40	フォーティー
4ポイント		ゲーム

マッチ

プロの試合で通常採用されているのは、「3セットマッチ」と呼ばれる試合で、3セットのうち、2セットを先に取ったほうが勝者となります。また、もっとも長いのが「5セットマッチ」の試合で、これはグランドスラム大会の男子シングルス（女子は3セットマッチ）と、デビスカップの単複で採用されています。5セットマッチは5セットのうち、3セットを先に取ったほうが勝者となります。

また、草トーナメント等で一般的に採用されているのが「1セットマッチ」や「8ゲームスマッチ」で、1セットマッチの場合は、6－6になったらタイブレーク、8ゲームマッチの場合は、8－8になったらタイブレークを行います。

先取

草トーナメント等で試合進行を早めるために採用されるのが、「6ゲーム先取」の試合方式です。先取の試合の場合は、5-5になったら、次のゲームを取ったチームの勝利となります。

アドバンテージセットとタイブレークセット

相手に2ゲーム以上の差をつけて先に6ゲームを取るか、12ゲーム終わった時点で、2ゲーム差がつかないときには、2ゲームの差がつくまでそのセットを続けるのが「アドバンテージセット」の試合方式です。アドバンテージセットの試合では、8-6、10-8といったスコアが実現します。

一方、12ゲーム終わった時点で6-6になったら「タイブレーク」を行うのが「タイブレークセット」の試合方式で、この場合の最終スコアは7-6(6-7)ということになります。

タイブレーク

ゲームが6-6になった場合、先に7ポイントを取ったほうがセットを獲得するゲーム方式のことを「タイブレーク」と呼びます。ただし、タイブレークでポイントが6-6になった場合は、2ポイントの差がつくまで行うので、22-20といったスコアになることもあります。

ノーアドバンテージ

試合の進行を早くするために採用されているのが「ノーアドバンテージ方式」の試合です。この場合、40-40のデュースになったら、次のポイントを取ったほうが、そのゲームの勝者となります。

また、ノーアドバンテージの試合で40-40になったら、レシーバー側がリターンのサイドを選択することになります。

サーバーとレシーバー

ポイントを始めるときに最初にボールを打つプレイヤーを「サーバー」、そのサーブを返球するプレイヤーを「レシーバー」と呼びます。

サイド

サーバーが1ポイント目にサーブを行うのがデュースサイドで、2ポイント目にサーブを行うのがアドバンテージサイドです。コートを縦に2分割すると、1ポイント目にサーブを行うのが右サイド、2ポイント目にサーブを行うのが左サイドということになります。

サーブの行い方

サーバーは、第1ポイントはデュースサイドからサーブを行い、第2ポイントはアドサイドからサービスを行い、ゲームが終了するまでこの順番は守らなければいけません。

またサーバーは2球サーブを打つことができ、最初のサーブを「ファーストサーブ」、2球目のサーブを「セカンドサーブ」と呼び、2球続けて「フォールト（失敗）」すると、相手のポイントとなります。

サーブの順番

各ゲームが終了したら、そのゲームのサーバーが次のゲームではレシーバー、レシーバーがサーバーになります。

フォールト

サーブしたボールが正しいサービスエリアに入らなかったとき、ネットに当たって自分側のコートに落ちたとき、空振りをしたとき、パートナー（ダブルス）に直接当たるか、または着衣、ラケットに振れたとき、また「フットフォールト」したときのサーブはフォールトとなり、ファーストサーブのときはセカンドサーブ、セカンドサーブのときはダブルフォールト（失点）になります。

フットフォールト

サーブを打つとき、サーブのモーション（開始から終了まで）の間、下記のどれかに違反すれば、フットフォールトの反則になります。
①ベースラインまたはその内側のコートを踏んで打つ
②サイドラインの仮想延長ラインを踏み越えて打つ
③センターマークの仮想延長ラインを踏んで打つ
④歩いたり、走ったりして、立っているポジションを変えながら打つ

デュースサイドとアドバンテージサイド

コートの右サイドで、偶数ポイントでサーブを受ける側を「デュースサイド」。コートの左サイドで、奇数ポイントでサーブを受ける側を「アドバテージサイド」と呼びます。

エンドの交代

プレイヤー（チーム）は、各セットで奇数ゲームが終了したらエンドを交代します（一般的にはチェンジコートと表現）。セットが終了したときは、合計ゲーム数が奇数ならばエンドを交代し、偶数ならば次のセットの第1ゲームが終了したときにエンドを交代します。またタイブレークのときは、6ポイントごとにエンドを交代します。

ダブルスでのレシーブの順番

ダブルスを行う場合は、セットの第1ゲームでレシーブするチームは、その第1ポイントをどちらのプレイヤーがレシーブするか決めます。同じように相手チームは第2ゲームが始まる前にどちらのプレイヤーがレシーブするか決めます。第1ポイントでレシーブするサイドを「デュースサイド」、第2ポイントでレシーブするサイドを「アドバンテージサイド」と呼び、そのセットが終わるまでサイドを交代することはできません。

PART2
試合前に注意したい ルールについて

001 相手がトスに勝ったとき①

質問 試合前のトスに勝った相手が、「こっちのコートでレシーブをします。サーブをどうぞ！」と言って試合が始まりました。相手のこの申し出はおかしくないですか？ トスに関する正しいルールを教えてください。

回答 これは相手に明らかにごまかされています。なぜなら、相手は「コート」と「レシーブ」の2つを選択しているからです。試合前のトスに勝った選手が選択できるのは、「サーブ or レシーブ」、「コート」、「相手に選択権を譲る」のうちから1つだけです。

(JTA TENNIS RULE BOOK 2015 P12)

002 相手がトスに勝ったとき②

質問 試合前のトスで勝った相手が、「権利を譲ります」と言ってきました。そんなことできるんですか？

回答 相手の申し出はルールに則ったものです。トスで勝った側には、「サーブかリターンの選択」、「コートの選択」、そしてもうひとつ、「権利を譲る選択」の3つから、どれかを選ぶ権利があります。実際には、「権利を譲る選択」という例はあまり見かけませんが、ルールとして、第3の選択権があるということは覚えておいてください。

003 トスを行うときのマナー

質問 試合前のトスを対戦相手が自分のコートでいきなり行い、その場でマークを確認して、「私の勝ちです。サーブを選択します」と一方的に決められてしまいました。このようなときは、どう対処したらよいのでしょうか？

回答 これは草大会等でよく見受けられるマナー違反です。こうした場合は、「ちょっと待って下さい。ネットのところでラケットを回して選択権を決めましょう！」と、やり直しを提案して構いません。

また同時に、トスする前には、ラケットのマークによる「アップとダウン」をお互いに確認しましょう。マナーとしてきれいなのは、相手コート側でラケットを回し、相手にマークを確認してもらう方法です。こうした態度でスタートすれば気持ちよく戦えます。

004 試合ボールを受け取るときの確認事項

質問 セルフジャッジの試合で試合コートに行くと、対戦相手から「ドロー番号が小さいほうの選手（チーム）が、試合ボールを大会本部に取りに行くのが決まりです。試合ボールを取ってきて下さい。私は、その間にネットの高さを測っておきます」と言われました。こう言われたときはどうしたらよいのですか？

回答 試合ボールを受け取る段取りは、大会ごとに注意事項等に記載されているはずです。質問にあるように、ドロー番号が小さな選手が受け取る場合もあれば、試合開始前に大会本部で2人（両チーム）揃って、対戦相手を確認してから渡されることもあります。

ただし、草トーナメントでは、こうした注意事項が試合要項に記載されていない場合もあります。これは大会ごとにまちまちなので、試合前にしっかり確認するようにしましょう。

それよりも上の質問で問題なのは、試合前の選手の義務とされている、「ネットの高さを測る」、「必要であればシングルス・スティックを正しい位置に立てる」、「コートが試合に適しているかどうか確認する」などの作業を2人（両チーム）で行っていないことです。もし、相手に悪意があれば、ネットの高さを「低くしたり」、「高くしたり」とズルされる場合だって考えられます。試合前のチェックは、2人、または両チームでかならず行うようにしましょう。

005 試合コートの確認事項

質問 ダブルスコートでシングルスの試合を行うときに、シングルス・スティックが用意されていませんでした。このような場合でもかならずシングルス・スティックを立てなければいけないのでしょうか?

また、センターストラップがなかったり、細い紐を流用したセンターストラップまがいのものを見かけることがありますが、こうした場合は、そのまま試合を行ってOKなのですか? 試合コートについてのルールを教えてください。

回答 ダブルスコートでシングルスをするときは、シングルス・スティックを正しく立てた上で、センターストラップを使って、コートの中央部の高さを91.4センチに調整しなければいけません。……と言っても、草大会の場合は、シングルス・スティックが用意されていなかったり、センターストラップが壊れていることがありますね! そういう場合は、どうすればよいのでしょう?

試合コートについては、大会側が用意、準備、チェックするのが義務となっています。もし、不備がある場合は、まず大会本部に問い合わせて、調整してもらいましょう。また、その試合コートだけ不備があるようなら、他のコートに変えてもらうようにリクエストするのも、正しい対応と言えます。

CHECK! センターストラップとシングルス・スティック

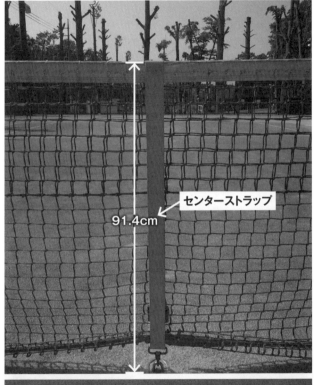

センターストラップ
91.4cm

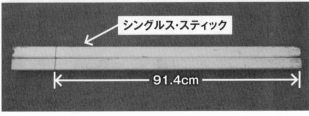

シングルス・スティック
91.4cm

column1

何人いるかわかりますか?

写真は、全日本選手権の決勝戦です。ここに「審判」と呼ばれる人が何人いるかわかりますか?

正解は、何と10人です。内訳は、主審（1名）、縦のラインジャッジ（3名×2）、横のラインジャッジ（3名）。たった2人のプレイヤーが行う試合を、10人の人間で捌いているわけです。また、グランドスラムなどの国際大会ではこの10人の他に、「ホークアイ」と呼ばれる判定機まで稼働しています。それだけ、テニスのジャッジは難しいということです。

その難しいジャッジを、2人のプレイヤーで行わなければいけないのが、セルフジャッジの試合です。当然、ジャッジで揉めることがあります。トラブルになったときに、大きな武器となるのが「ルール」に関する知識です。

どんなレベルでも、試合に出るようになったらルールに無関心ではいられないということです。

PART3

試合中に起こる様々な事象

006 サーブがネットに当たって ネットの高さが変わったとき

質問 ファーストサーブがネットに当たった（サーブはフォールト）ときに、センターストラップが外れ、ネットが通常よりも高くなってしまいました。次のサーブはセカンドサーブですか？ それともファーストサーブからの打ち直しですか？

回答 ネットの高さが変わった瞬間にリプレイザポイントとなり、サーブはファーストサーブからの打ち直しとなります。もし、セカンドサーブで同じような事象が発生したときも、ネットの調整に時間がかかるので、セカンドからではなく、ファーストからの打ち直しです。ネットの高さを正しく調整してから、ゲームを再開しましょう。

CHECK! リプレイザポイント

何らかの外的要因によって、ポイントをやり直すことをリプレイザポイント（ポイントのレット）と言う。「テイク・ツー」と呼ぶ人もいるが、正しくは、リプレイザポイント。ポイントのやり直しになるケースは、主に、「①外的要因でプレイに邪魔が入ったとき」、「②（主審がついた試合で）判定に訂正があったとき」だが、一般プレイヤーがルール的に知っておきたいのは ① のケースだ。

007 ラリー中にセンターストラップが自然に外れたとき①

質問 ラリー中に、突然センターストラップが外れて、ボールを打とうとしていた私は、それに驚いてミスしてしまいました。これは私の失点になりますか？

回答 失点にはなりません。これはファーストサーブからやり直しのケースです。インプレイ中にネットの高さが正常でなくなった瞬間に「レット」が成立します。

(JTA TENNIS RULE BOOK 2015 P53)

008 ラリー中にセンターストラップが自然に外れたとき②

質問 パッシングショットを打った直後にセンターストラップが外れ、ネットが急に高くなったので、ボールはネットバンドに当たり、相手コートに入りませんでした。この場合、私の失点になりますか？

回答 上と似たケースですが、これも失点にはなりません。打ったボールがネットする前に正常より高くなったわけなので、「レット」が認められます。ただし、パッシングショットがネットバンドに当たり、その影響でセンターストラップが外れて、ボールが自分のコートに戻ってきた場合は、自然にネット高くなった状況とは違うので、この場合は、パスを打ったプレイヤーの失点になります。

009 拾わなかったボールに試合球が当たったとき①

質問 シングルスの試合です。ファーストサーブでフォールトしたボールを拾わなかったので、ボールはサービスボックス内に転がっていました。そして、セカンドサーブから始まったラリー中に、相手の打ったボールがその放置していたボールに当たって、ポーンと弾みました。私がとっさに返したボールは試合球だったように思います。このボールが相手コートに返った場合は、そのままプレイを続けてもよいのでしょうか？

回答 相手に返したボールがインプレイ中の試合球であれば、これは有効返球なので、プレイを続行しなければいけません。質問のケースで、コート内に転がっていたボールは、ポイントが始まる前からその場所に静止していたわけなので、これはコートサーフェスの一部と見なすのがルール上の解釈です。試合球が当たったことによるヒンダランス（妨害）は成立しないので、ボールが当たったことを理由に「レット」をかけることはできません。

(JTA TENNIS RULE BOOK 2015 P19-25)

CHECK! ヒンダランス

相手、または他の物体によって、プレイが妨げられた状態のこと。プレイヤーが「故意に妨害」したときは、失点となり、「無意識に妨害」したときは、レットとなる。

010 拾わなかったボールに試合球が当たったとき②

質問 左ページの009と同じ状況で、打ち返したボールが最初からコートにあったボールか、インプレイ中の試合球か、両選手ともわからないときはどうしたらよいのですか？

回答 どちらかのボールを相手コートに返球したという前提ですが、打ったボールが、最初からあったボールか、インプレイ中のボールか、わからない場合は、レットにしたほうがよいと思います。

ただし、セルフジャッジの試合では、「自分側のコートで起きたことに関する判定は、すべて自分の責任で行う」という原則があります。もし、そのボールを打った本人が、「インプレイ中の試合球を返球した」と主張すれば、対戦相手は、その判定通りにしなければいけないのが、正しいルール解釈です。

CHECK! セルフジャッジの試合

チェアアンパイアがつかない試合のことをセルフジャッジの試合と呼ぶ。セルフジャッジの試合では、プレイヤー（チーム）が、自ら判定とコールを行う。セルフジャッジの試合の原則は、「ネットより自分側のコートで起こった事象は、自らの判断で行う」というもの。それでも双方の意見が分かれて揉めてしまった場合は、基本的にレフェリーにその裁定が委ねられる。

011 隣のコートから転がってきたボールに試合球が当たったとき

質問 隣のコートから転がってきたボールが、インプレイ中のボールに当たって返球不可能になってしまいました。この場合は、どうしたらよいのですか？

回答 隣のボールがプレイゾーンに入った時点で、ヒンダランス（妨害）が成立するので「レット」となります。隣のコートから転がってきたボールが、インプレイ中のボールに当たる、当たらないは関係ありません。

また、これがセカンドサーブのプレイ中に起こった場合には、セカンドサーブの打ち直しではなく、ファーストサーブからのポイントのやり直しとなることも覚えておいてください。

012 隣のコートから飛んできたボールと試合球が空中でぶつかったとき

質問 インプレイ中のボールが、隣のコートから飛んできたボールと、空中で当たってしまいましたが、偶然にも、そのボールは相手コートに返りました。このときはプレイを続けてもよいのですか？

回答 011のケースと同じで、他のボールがプレイゾーンに入った時点で「レット」となり、ファーストサーブからのポイントのやり直しです。ボールが正しく相手コートに返ったかどうかは関係ありません。

013 上げたロブに鳥が当たったとき

質問 高く打ち上げたロブに飛んで来た鳥が当たってしまいましたが、落ちてきたボールは相手コートに入りました。このポイントは、そのまま続けられるべきですか？ それとも、鳥に当てたプレイヤーの失点になるのでしょうか？

回答 ボールが鳥に当たった時点で「レット」となります。これは011や012のケースと同じで、ボールが鳥に当たった時点でヒンダランス（妨害）が成立し、ポイントレットとするのが正しい判断です。このケースもファーストサーブからのやり直しになります。

014 落ち葉に当たってボールがスリップしたとき

質問 大きな木立に囲まれたコートでの試合です。風に吹かれて、枯葉がどんどんコートに落ちてきます。ラリー中のボールがこの葉っぱにボールが当たって、不規則なバウンドになり、ミスしてしまいました。このケースは「レット」になりますか？

また同様のケースで、落ちてきた枝に、空中でボールが当たったケースは、ボールに鳥が当たったケースと同じように「レット」になりますか？

回答 まず、最初のケースですが、プレイ中に葉っぱが舞い落ちてきてもラリーをいちいち中断することはありません。また、ボールが落ち葉に乗って、イレギュラーバウンドしたとしても「レット」は認められません。

ただし、大量の枯葉が落ちてきて、プレイを続行するのが危険（滑って転んでしまったり）と感じたら、ポイントを終了した時点で、プレイを中断して、大会本部に葉っぱの除去をお願いするなどの対処をプレイヤーの判断で行いましょう。

2つめのケースは「レット」をコールしても構わないと思います。また、大きな枝が落ちてきた場合は、プレイに支障が出ると判断した時点でレットをコールできます。

015 セカンドサーブに入るタイミングで隣のコートからボールが転がってきたとき

質問 セカンドサーブを打つ前に、ボールを地面についているタイミングで、隣のコートからボールが入ってきたので、サーブを中断して、ボールを隣のコートに返してから、セカンドサーブを打ちました。しかし、よく考えたら、サーブを打つことを妨害されているわけですから、ひょっとしたらこのケースは、ファーストサーブからの打ち直しでよかったのですか？

回答 このケースは、セカンドサーブの打ち直しが正解です。ルールブックには、「モーションに入っていたらレットでポイントのやり直しにする」という記述があります。

たしかに、インプレイ中にボールが転がってきたケースは、セカンドサーブでもファーストサーブからの打ち直しになりますが、質問のケースは、サーブのトスを上げる前のタイミングなので、まだ、サーブのモーションに入っているとは言えません。このようなタイミングなら、セカンドからポイントをやり直すのが正しい理解です。

(JTA TENNIS RULE BOOK 2015 P52)

CHECK! サーブのモーション

ルールブックには、サービスのモーションについて明確な記述はない。ただし、常識的に考えれば、トスしたボールが手から離れ、トロフィーポーズを作ったタイミングは、すでに「サーブのモーションに入っている」と考えられる。

016 インプレイ中にボールを落としたとき

質問 ファーストサーブを打って、相手のリターンが返ってきたときに、ポケットに入れていたボールが、ポロリと落ちてしまいました。このときはどうしたらよいのですか?

回答 ボールが自分のコートに転がっているわけですから「レット」をコールしたいところですが、このケースでは、サーバーが「レット」をかけることはできません。

ルールでは、「ヒンダランスは相手によって妨害されたことに対するもので、自分で自分のことは妨害できないのでレットはかけられない」とあります。つまり、質問のケースは、自分の過失でボールを落としてしまったわけなので、サーバーは試合を続行しなければいけないということです。ただし、相手がその転がったボールを見て、「レット」をかけた場合は、リプレイザポイントとなります。

ここで気をつけなければいけないのは、同じような状況が再び起こったときです。2回目にボール(持ち物)を落としたときに、相手から「レット」をかけられたら、「無意識に相手のプレイを妨げた場合は2回目からは失点」というルールに則って、サーバーの失点になってしまいます。気をつけましょう。

(JTA TENNIS RULE BOOK 2015 P20.P58)

017 風で飛ばされた帽子が気になってミスしたとき

質問 試合中、ネット際にフラフラっと上がったチャンスボールを決めようと、ネットに走り込んで行ったときに、被っていた帽子が風に飛ばされてしまいました。一瞬、その帽子に気を取られて、せっかくのチャンスボールをボレーミスしてしまいました。このケースはレットになりますか？

回答 これは相手のポイントです。質問のケースも、前ページの016と同様に、自分の持ち物で自身を妨害したわけなので「レット」は成立しません。

ただし、打ったボールが相手コートに正しく返った場合の判断は微妙です。もし、相手が「レット」をかけていれば、たとえボレーが決まったとしても、その「レット」のコールが優先されるからです。もちろん、相手がレットをかけたケースでは、どちらがサーブ権を持っていても、ファーストサーブからのやり直しとなります。

018 風で帽子が飛んでリプレイザポイントが成立するケース

質問 セカンドサーブを打とうとトスを上げたら、レシーバーの帽子が風に飛ばされて「タイム!」と言われました。レシーバーが帽子を拾った後のサーブは、リプレイザポイントで、ファーストからのやり直しですよね?

回答 サーバーがセカンドサーブを打つモーションに完全に入っていたとすれば、このケースはリプレイザポイントとなり、ファーストサーブからの打ち直しとなります。

ただし、帽子が風に飛ばされたのが、ファーストサーブとセカンドサーブの間で、レシーバーがすぐに拾うことができ、サーバーのリズムを著しく乱さないのであれば、リプレイザポイントにはせず、セカンドサーブを打つべきです。

セルフジャッジの試合では、こうした微妙な判断が必要な場合は、お互いのマナーに頼るしかありません。

CHECK! タイム

草トーナメントでは、上のケースのような場合に「タイム」と声をかけることがあるが、ルールブックには、「タイム」の項目はない。上のようなケースでは「ウエイト」が、正しいコールと言える。

019 「ウエイト」と「レット」の違いは

質問 インプレイ中に隣のコートからボールが入ってきたときに、相手が「ウエイト」と言ってプレイを中断しました。これは正しいコールですか？

回答 これはインプレイ中の妨害に当たるので、プレイをやり直すケースです。この場合の正しいコールは、「ウエイト」ではなく「レット」です。ただし、「ウエイト」と言ってプレイを止めても、相手の失点にはなりません。厳密に使い分ければ、プレイの開始前であれば「ウエイト」。インプレイ中なら「レット」とコールすることを覚えておきましょう。

020 ラケットがすっぽ抜けたとき

質問 思いきりサーブを打ったところ、打つのと同時にラケットが手からすっぽ抜けてしまいました。しかし、ボールは相手のサービスボックスに入り、すっぽ抜けたラケットはサーバー側のコート内に落ちました。びっくりした相手は、リターンミスした後に、「今のはラケットが手から離れたからリプレイザポイントにしましょう」と提案してきました。このときはどうしたらよいのですか？

回答 このケースはサーバーのポイントとなります。ラケットは、ボールや帽子のような「持ち物」とは見なされず、落としても（手から離れても）反則にならないからです。ただし、すっぽ抜けたラケットが、ネットに当たったり、相手コートまで飛んでいった場合は、サーバーの失点になります。

021 ストリングスが切れても リプレイザポイントが成立しないケース

質問 ファーストサーブはフォールトでしたが、そのサーブを打ち返したレシーバーのストリングスが切れてしまいました。私はレシーバーがラケット交換するのを待っていましたが、なかなかそうしないので、「早くラケットを交換して下さい。次のサーブはテイク・ツーでファーストからですよね？」と言うと、レシーバーは「ラケット交換はしません。このままで結構です。早くセカンドサーブを打って下さい」と言ってきました。この状況ではレシーバーがラケットを交換して、サーバーのサーブは、ファーストになると思うのですが……？

回答 このケースではレシーバーの主張が正しく、リプレイザポイントとはなりません。ルールでは、「ファーストサーブとセカンドサーブの間にストリングスが切れたという理由で、プレイヤーはかならずしもラケット交換しなくても構わない」となっているからです。もちろん、レシーバーがラケットを交換したときは、リプレイザポイントとなり、ファーストサーブからのやり直しになります。

022 相手がノットレディを表明したとき

質問 セカンドサーブを打とうとトスを上げたとき、レシーバーはまだ用意ができていないと、手を挙げて「ノットレディ」を知らせてきました。また、違うセカンドサーブでは、トスを上げたときにレシーバーの帽子が風に飛ばされたので「ノットレディ」を表明しました。この両方のケースとも「レット」となって、セカンドサーブからの打ち直しになるのでしょうか?

回答 前者のケースは、レシーバーの用意ができていなかったのを、サーバーが確認していなかったわけなので、正当なノットレディとなり、セカンドサーブからの打ち直しとなります。

また後者のケースは、レシーバーが帽子を落としたことでプレイが中断したわけなので、ノットレディは成立せず、リプレイザポイントとなり、ファーストサーブからの打ち直しとなります。

CHECK! ノットレディ

レシーバーの準備が整っていないのに、サーバーがサーブを打とうとしているときは、レシーバーは手を挙げて、「まだ準備ができていない」とノットレディを表明することができる。また、サーバーがサーブを打ってしまった後でも、レシーバーが「まだ準備ができていなかった」とノットレディを表明した場合は、そのサーブはやり直しとなる。

023 相手のフットフォールトは取れるのか？

質問 セルフジャッジの試合で、サーブを打った直後に、レシーバーから「フットフォールト」とコールされてしまいました。セルフジャッジでは、相手側のコートで起こったことのジャッジはできないと思うのですが……。

回答 そのとおりです。レシーバーがサーバー側のフットフォールトを取ることはできません。セルフジャッジでは、フットフォールト、ファウルショット（意図的な2度打ちやオーバーネットによる返球）、ノットアップ（2バウンド以降で返球）、タッチ（身体の一部がネットやボールに触れる）の判定は、それを犯した選手が自ら認めなければ成立しないことになっています。例えば、明らかに相手の身体にボールが触れたように見えても、相手が「タッチ」を認めなければ、プレイを続けなければいけないということです。

024 2度打ちしたとき

質問 セルフジャッジの試合です。ボレー戦になったときに、自分の打ったボレーが、ラケットにポ・ポンと当たって、それがエースとなりました。自分では2度打ちしたイメージはまったくありませんでしたが、相手は、「ラケットに2回当たった」と言って、ポイントを主張してきました。たしかルールでは、「ラケットに2度当たっても、1スイングなら失点にならない」とあったような気がするのですが、相手からこのように言われたときは、失点になるのですか？

回答 失点にはなりません。2度打ちは、故意的でなければ有効な打球と認められています。また、セルフジャッジの試合では、「ノットアップ」、「ファウルショット（故意的な二度打ち、オーバーネット）」などは自己申告が原則です。相手のプレイが怪しいと思っても、プレイを止めることなく、最後まで戦いましょう。

025 ラケットを投げて相手を妨害したとき

質問 スマッシュを打とうと構えたとき、何を思ったのか、相手がラケットを空中に放り投げたので、それに驚いて、スマッシュミスをしてしまいました。「今のは明らかな妨害行為です」と言うと、相手は、「放り投げたラケットは自分のコートに落ちたのだから妨害にならない」とポイントを主張して譲りません。これは相手の得点になるのですか？

回答 これはラケットを空中に放り投げた行動が、相手プレイヤーを意図的に妨害した行為と判断できるので、ラケットを投げたプレイヤーの失点となります。ラケットが落ちた場所は関係ありません。完全なヒンダランスです。

026 アウトボールをノーバウンドでキャッチしたとき

質問 サーブがフレームに当たって、とんでもなくオーバーしてしまいました。ボールがバックフェンスを越えそうになったので、レシーバーは「取るよ！」と声を出して、ノーバウンドでボールを止めました。そしてニッコリしながら、「越えたらボール探しが大変だから取ったけど……今のはフォールトね！」と言ってきました。たしかに、フェンスを越えたらボール探しが大変なコートです。こうした事情がある場合は、ボールを止めてもよいのですか？

回答 サーブしたボールに、レシーバーがノーバウンドで触ったわけですから、これはサーバーの得点になります。相手の気持ちはわからなくもありませんが、ルール的にはどんな事情があっても、サーブが、レシーバーのラケットや、身体にノーバウンドで触れたら、サーバーの得点です。

027 タイミング的に微妙な判定になったとき

質問 Ａのスマッシュが、相手Ｂの横をワンバウンドで通過したタイミングで、スマッシュを打ったＡの帽子が風で飛んで、ネットに触れてしまいました。Ａはスマッシュが決まったという認識ですが、Ｂは「ネットタッチ」で、自分の得点だと主張しています。このケースはどちらのプレイヤーの得点になりますか？

回答 これは難しい判定です。ルール上は、スマッシュしたボールが「デッド（２バウンドするかバックフェンスに当たる）」になる前に、帽子がネットに触れていれば、Ｂの得点となり、デッドになった後に触れたのであれば、Ａの得点となります。

問題は、帽子がネットに触れたタイミングです。セルフジャッジの試合だと、これを正確に判断する術がありません。言い争いになるようだったら、「レット」にしてポイントをやり直すのが現実的な判断と言えるでしょう。

028 インかアウトの判定を相手に求めたとき

質問 ラリーの応酬の最後に、クロスコートに打ったショットを、相手は打ち返さずに見送りました。その上で、「今のボールは入っていましたか？」と、こちらに聞いてきました。「入っていたと思いますよ！」と答えると、相手は「私はアウトだったと思うのでレットにしましょう」と提案してきました。この場合は、どうするのが正しい判定ですか？

回答 対戦相手に、「判定のアドバイス」を要求したということは、相手は「イン」、「アウト」の判定ができなかったということです。よって、このケースでは、ボールは「イン」と判定するのが正しく、「レット」は成立しません。

セルフジャッジの試合で、最終判断をするのは、そのコート側にいる選手です。試合は、お互いのジャッジを信頼しながら行っているわけですから、自分のコートで起こった事象の判定（イン、アウト）ができなければ、「イン」とするのがマナーです。質問のケースのように、相手に判定を委ねるのは間違っています。

CHECK! 「イン」と「アウト」

インとアウトで揉めるのは、ライン際のボール。「ラインに乗った」、「ラインにかかった」というテニス用語があるように、ボールが少しでもラインに触っていれば、そのボールは「イン」。また、セルフジャッジの試合で、インとアウトの判定ができなかった場合も、「イン」とするのがマナーだ。

029 インかアウトの判定を周りの人に求めたとき

質問 とても速いスマッシュがライン際に飛んで、こちらも相手も、インかアウトがわかりませんでした。そのとき相手は、コートサイドで見ていた人に、「いまのは入っていましたか？」と聞いて、その人が「アウトでした」と答えたので、「じゃ、私のポイントですね！」と主張してきました。この場合はどうするのが正しい判定ですか？

回答 ルールとして、セルフジャッジの試合では、周りの人に判定を求めることはできません。このケースでは、スマッシュを受けた側が、「イン」、「アウト」の判定を下せなかったわけですから、このスマッシュは、「イン」と判定するのが正しく、スマッシュを打った人の得点となります。「イン」、「アウト」の判定をコールできなかった場合は、「イン」とするのがテニス選手の正しいマナーです。

030 相手が判定を訂正してきたとき

質問 レシーバーが、サーブのコールを「フォールト」としながらリターンして、そのボールはエースとなりましたが、すぐに、「アッ、すみません、サーブはインでした」と訂正し、「リプレイザポイントにしましょう」と提案してきました。このときの正しい判定を教えてください。

回答 レシーバーは間違った判定をしたことを認めて、ファーストサーブからのやり直しを提案してきたと思いますが、ルールでは、「イン」のサーブを「フォールト」とコールした時点でレシーバーの失点となります。

またこのときは、たとえレシーバーが打ったリターンがエースになっていたとしても、得点を主張することはできません。打ったボールに関係なく、誤ったジャッジをした、レシーバーの失点です。

031 曖昧なコールがあったとき

質問 セルフジャッジのシングルスです。私がアプローチショットを打ってネットに出たとき、相手は「アウッ…」と迷ったようにコールしながらパッシングショットを打ってきて、それがエースとなりました。「えっ？ いまアウトと言いませんでしたか？」と聞くと、「いゃ〜すみません。入っていました。レットにしましょう！」と提案してきました。

そこで「インのボールをアウトと判定したのだから、これは私のポイントのはずです」と言うと、相手は「パッシングを決めているのに、一歩譲って『レットにしましょう』と言っているのですよ！」と言い争いになってしまいました。このケースの正しい判定はどうなりますか？

回答 これはアプローチショットを打ったプレイヤーの得点となります。相手が最後に打ったパッシングの可否は関係ありません。

質問のケースで、相手はボールが入っていたことをはっきりと認めています。「イン」のボールを、誤って「アウト」と判定したということです。その時点で相手の失点となります。「レット（リプレイザポイント）」の提案を受け付ける必要はありません。それでも揉めるようなら、オフィシャルを呼んで、問題を解決しましょう。

032 レットをかけたタイミングが微妙なとき

質問 セルフジャッジの試合です。こちらがスマッシュを打った直後、相手は隣のコートからボールが入ってきたので、「レット」をコールしました。しかし、こちらが打ったスマッシュがアウトだったのを見て、相手は、「これは私のポイントでしょう。レットのコールはあなたがスマッシュを打った後だったので、コールの意味はありません」と主張してきました。この場合の正しいルール解釈はどうなりますか？

回答 これは相手のポイントになります。覚えておいてほしいのは、ボールを打った後のコールは、打ったボールが入っていれば「レット」、入っていなければ「アウト」になるということです。質問のケースで、相手が「レット」をかけたのは、スマッシュを打った後です。レットのコールは、こちらに対しての妨害にはなっていない、というのがルール上の解釈です。

033 ハンドシグナルでトラブルになったとき①

質問 セルフジャッジの試合です。相手のパッシングショットをネット際にドロップボレーで落とし、「よし！」と相手を見ると、ハンドシグナルでアウトを示しています。そして、「さっきのアプローチがアウトでした」と言ってきました。こちらはボールだけを見ていたので、相手のハンドシグナルには気づきませんでした。声も出さずに、ハンドシグナルだけの「アウト」は認められるのですか？

回答 これはハンドシグナルが伝わらずにトラブルになる典型的なケースです。納得はいかないかもしれませんが、相手がハンドシグナルで「アウト」を示していれば、このアウトは認められます。

試合では、自分が「アウト」と思って手を上げても、相手が気づいていないことがよくあります。ハンドシグナルだけでなく、声も一緒に出して、しっかりと伝えるのがマナーです。

質問のケースのように、相手がハンドシグナルに気づいていないようだったら、すぐにもう一度大きな声で「アウト」を伝えるようにしましょう。

CHECK! ハンドシグナル

「イン」

手のひらを地面に向ける

034 ハンドシグナルでトラブルになったとき②

質問 セルフジャッジの試合です。インプレイ中、ベースライン際に落ちたボールに対して、相手の手が上がり、「アウト」を知らせたように見えたので、「エッ？ アウトですか？」と言いながら、相手のボールをキャッチしたところ、「どうしました？ なぜプレイを止めたのですか？ ボールは入っていましたよ！」と逆に聞き返されてしまいました。こうしたケースはどう対処すればよいのですか？

回答 これもよくあるトラブル例ですが、質問のケースでは、ボールをキャッチしたプレイヤーの失点となります。相手がハンドシグナルを出しながら返球を止めるとか、声で大きく「アウト」とコールしない限り、プレイを続行させるのが無難な判断と言えます。上のケースでも、ボールをキャッチせずに、返球しておけば、プレイは続行し、こちらのポイントになっていたかもしれません。

相手がいつも不適切な方法で、アウトの判定をするようであれば、「コールがわかりづらいので、はっきりするようにしてください」と早い段階でリクエストしましょう。そうすることがトラブル回避につながります。

CHECK! ハンドシグナル

「アウト」

手（人差し指）を上げる

035 試合中に用意していた水がなくなったとき

質問 真夏の試合が長くなりました。コートに持ち込んだ水がなくなったので、相手の許可を取って、エンドチェンジ時に試合コートのすぐ外にある水道に水を汲みにいきました。するとコートレフェリーが飛んできて、「（誰の許可もなく）試合コートを離れたら失格ですよ！」と叱られてしまいました。公式試合では、すぐそばにある水道に、水を汲みに行くこともできないのですか？

回答 草大会なら、対戦相手に「水を補給したいので水道まで行ってもいいですか？」と事前に了解を求めているので、これは正当な行動と言えます。ただし、公式試合だと水分補給を目的にコート外へ出ることは許されていません。コートレフェリー（ロービングアンパイア）が来るまで待って、「水を汲んできてほしい、買ってきてほしい」とリクエストしたり、友達などがいたら、その人に頼んで、試合を続行しなければいけません。誰の許可もなく試合コートの外に飛び出した場合は、ルール上、失格になることもあるので注意してください。

column2

ルールは世界共通

世界中で行われているテニスは、基本的に共通のルールに則って楽しまれています。コートの広さ、ネットの高さ、ジャッジの仕方……などは、世界中どこに行っても同じ。それを管轄しているのが国際テニス連盟（ITF）です。

ITFの『Rules of Tennis』がテニスにおける世界共通ルールとなっています。その基本ルールを翻訳した上で、国内の諸大会ルール等を加えて、発行しているのが、日本テニス協会（JTA）の『JTAテニスルールブック』です。

公認大会も、ジュニア大会も、草大会も、国内で行われる大会は、基本的にこの『JTAテニスルールブック』に記されたルールに則って行われています。

本書の内容も、もちろん、このルールブックに準じています。試合に出るようになったら、手元に置いておきたい一冊です。

『JTAテニスルールブック』は、日本テニス協会公式サイトの「JTA STORE（出版物配布）」から購入することができます

PART4

ダブルスの試合中に起こる様々な事象

036 ダブルスで2人のラケットが ぶつかったとき

質問 ダブルスの試合です。相手が打ったセンターへの突き球をボレーしたところ、2人のラケットがぶつかった状態で、ボールを返球した形になりました。それを見た相手は、「いまのはファウルショットなので、こちらの得点です」と主張してきました。この場合、相手のポイントになるのですか?

回答 このケースは失点にはなりません。ボールをヒットするときに、ラケット同士がぶつかってもルール違反ではありません。両方のラケットにボールが触っていない限り、ファウルショットとはならないからです。ただし、一方のラケットにボールが触った上で、もう一方が返球したような場合は、「ツータッチ」となり、相手のポイントになります。

037 相手の前衛が変なポジションを取ったとき

質問 ダブルスの試合です。相手の前衛が、サーバーにプレッシャーをかけようと、両足をサービスボックス内に入れて構えてきました。これは認められるのですか？

回答 認められます。レシーバー側のプレイヤーは、自分側のコートであれば、コートの内・外にかかわらず、どこに立ってもよいことになっています。ただし、サービスボックス内で激しく動き回って、意図的に相手のサーブを邪魔するような場合は、主審がついた試合ならば、ヒンダランス（妨害）の反則を取られることもあります。

(JTA TENNIS RULE BOOK 2015 P20)

038 サーバー側の前衛が サーブのコースを隠すとき

質問 ダブルスの試合です。サーバー側の前衛が、パートナーのサーブコースを隠すように、ネット前に立ちはだかって構えてきます。それが邪魔になって、リターンミスをしてしまいました。サーバー側の前衛は、こんな邪魔なポジションに立ってもよいのですか？

回答 このケースも前ページの 037 と同じで認められます。前衛は、自分側のコートであれば、どこにポジションしてもルール違反にはならないからです。ただし、リターンを妨害する目的が明らかな動きをして、それによってレシーバーがミスしたときは、主審がついた試合ならば、ヒンダランスの反則を取られることもあります。

039 ネットインしたボールが前衛に当たったとき

質問 ダブルスの試合です。サーブがレシーバー側の前衛にダイレクトに当たった場合は、サーバー側の得点になるのは知っていますが、ネットにいったん触れたサーブが前衛の身体に当たった場合はどうなりますか？

回答 ネットにいったん触れたボールが、レシーバー側の前衛に当たった場合は、サービスレットとなります。ファーストサーブだったらファーストからの打ち直し、セカンドサーブだったらセカンドからの打ち直しです。

040 ネットインしたボールを前衛がキャッチしたとき

質問 ダブルスの試合です。こちらのセカンドサーブが、センターストラップに当たってポーンと弾んだところ、相手の前衛がダイレクトでボールキャッチしてしまいました。この場合、どちらの得点になりますか？

回答 これはどちらの得点にもなりません。前衛がネットに触れたボールをキャッチした時点で「サービスレット」となり、セカンドサーブの打ち直しになります。前衛が、キャッチしていなければ、落ちたボールがエリア外で、ダブルフォールトの可能性もあるわけなので、このようにキャッチするのは損な行動と言えます。

041 ネットポストに当たったサーブが相手の前衛に当たったとき

質問 ダブルスの試合で、サーブがネットポストに当たって、角度が変わり、レシーバー側の前衛に当たってしまいました。このとき、サーバー側は「レット」を主張し、レシーバー側は「フォールト」を主張しています。どちらの主張が正しいですか？

回答 このサーブはフォールトです。レシーバー側の主張が正しいということになります。ルールには、「ネットポストにサーブが触れたときはフォールト」と明記されています。もちろん、シングルスでは、シングルス・スティックにサーブが当たった場合はフォールトになります。

ただし、注意しなければいけないのは、ラリー中のボールがネットポスト（シングルス・スティック）に触れて、相手コートに正しく帰った場合です。このボールは「有効返球」なので、プレイを止めてしまうと、止めたプレイヤーの失点となります。サーブとインプレイ中のボールでは、ネットポスト（シングルス・スティック）に当たったときの扱いが違う……ということを頭に入れておきましょう。

また、プレイ中に選手がネットポストやシングルス・スティックに触れた場合は、「タッチ」の反則になります。

(JTA TENNIS RULE BOOK 2015 P15)

042 曖昧なコールで揉めたとき

質問 ダブルスの試合です。ファーストサーブに、レシーバー側の前衛が「フォ！」と声を出しましたが、レシーバーは思いっきりリターンして、エースになりました。納得がいかないサーバー側は、「今、フォールトとコールしましたよね？」と問いただすと、相手の前衛は、「思わず声が出ただけで、ハッキリとコールしたわけではありません」とエースを主張します。このような曖昧なコールがあった場合、どう対処すればよいのですか？

回答 これはまさに揉めそうなケースですが、基本的な考え方は、レシーバー側のコールが不明瞭で、サーバー側が「フォールト」と認識した以上、このサーブはフォールトと判定して、セカンドサーブから再開するべきです。

043 邪魔にならない場所に隣のコートから ボールが転がってきたとき

質問 ダブルスの試合です。平行陣をとったA/B組は、ネットポジションでスマッシュ。2バックのC/D組は、ベースラインでロブを上げる状況になっていました。そのとき、スマッシュを打っているA/B組のバックフェンスに、隣のコートからボールが入ってきたので、C/D組が「レット」をかけました。A/B組は「ぜんぜん邪魔になっていないのに、レットをかけるのはおかしい」と言って揉めています。このときのC/D組のかけたレットは有効ですか？

回答 攻めているA/B組の言い分はわかりますが、C/D組がかけた、この「レット」は有効です。ボールがプレイゾーンに侵入してきたのは事実なので、C/D組が「気になった」ということならば、ヒンダランスが成立します。この場合、転がってきたボールが、「どこにあるか」は、基本的に関係ありません。

ただし、草大会等では、隣のコートとの間隔が狭い試合会場があります。そんなときに、ボールが入ってきたからといって、いちいち「レット」をかけていると、フェアでスムーズな試合進行ができません。明らかに邪魔にならないようなときは、あえて「レット」をかけないのも、一種のマナーと言えるかもしれません。

044 同じ組2人の判定が食い違ったとき

質問 ダブルスの試合です。こちらが打ったボールに対し、相手の一方のプレイヤーは「アウト」とコールし、もう一方のプレイヤーは、ハンドサインで「イン」を示しました。このように相手の判定が食い違っているときは、どちらの判定を採用すればよいのですか？

回答 ダブルスで、同じチームの判定が「イン」と「アウト」に分かれた場合は、どちらかが「アウト」をコールした時点で、もう一方のチームは、プレイを止めても構いません。ルールでは、同じチームの判定が、「イン」と「アウト」に分かれた場合は、そのコールをしたチームの失点になるからです。

セルフジャッジの試合では、こうした「イン」と「アウト」のジャッジで揉めることがよくあります。もし相手が、「よくわからなかったからリプレイザポイントで！」と申し入れてきても、受け入れる必要はありません。

(JTA TENNIS RULE BOOK 2015 P57)

045 ズル賢くレットをかけてくる相手と対戦したとき①

質問 ダブルスの試合です。浅いロブを上げてきた相手チームから「レット」のコールがかかりました。隣のコートからベースライン後方にボールが入ってきたというのです。プレイの邪魔にはならない場所のボールですが、相手チームはピンチになるたびに、このような小さな理由を見つけては「レット」をかけてきます。このようなズル賢い相手と戦うときには、どうすればよいのでしょうか？

回答 ルールでは基本的にプレイゾーンにボールが入ってきた場合や、プレイの妨げになるような状況に陥ったときには、どちらかの選手（チーム）が「レット」をかけられることになっています。相手チームが正当な理由で「レット」をかけている以上、「ズルい」と思っても、これに対抗する方策はないというのが正直なところです。

046 ズル賢くレットをかけてくる相手と対戦したとき②

質問 左の045と同じケースでもう一つ質問です。相手がロブを上げた直後に、隣のコートからボールが入ってきて、「レット」をかけられた場合は、まぁ納得できますが、スマッシュを打つ寸前で「レット」をかけられるのは、どうしても納得できません。どのタイミングまで「レット」はかけられるのですか？

回答 気持ちはわかりますが、ルールでは、隣のコートからボールが入ってきた場合、どのタイミングでも「レット」をかけてプレイを止めることができます。納得できないかもしれませんが「ルールがそうなっている！」と割り切るしかありません。

047 声を出したことでクレームをつけられたとき

質問 ダブルスの試合です。相手チームの打ったボールがアウトになりそうだったので、パートナーに「そのボールに手を出すな……」という意味で、「アウッ！」と叫んだところ、「そうやって大きな声を出すのは相手に対してヒンダランスだから失点です」とクレームをつけられました。こうした声は、本当にルール違反になるのですか？

回答 質問のケースの声は、相手チームに対するヒンダランスには当たらないので、ルール違反にはなりません。この声は、パートナーにジャッジを促すもので、クレームをつけられる類いのものではないからです。

ただし、インプレイ中（相手がボールを打つ前など）に、意図的に大きな声を出すのはマナー違反ですし、審判がついた試合では、紛らわしい声を出すと、ヒンダランスを取られることもあるので注意しましょう。

048 サーブがネットしたかどうかで揉めたとき

質問 ダブルスの試合です。相手のファーストサーブをパートナーがナイスリターンして、ネットに出てきたサーバーは、ボレーミスしました。しかし、そのとき、相手の前衛は「ネット」をコールしました。サーブがネットに触れたというのですが、こちらには触れた音は、まったく聞こえませんでした。「いまのはネットには触っていませんよ！」と言うと、「ネットにいちばん近いところにいるから音が聞こえました。間違いありません。ファーストサーブの打ち直しです」と言い返されてしまいました。このように、サーブが「ネット」に触れたか、どうかで揉めたときの解決法を教えてください。

回答 セルフジャッジの試合で、サーブがネットに触れたかどうか、のコールができるのは、レシーバー側だけです。サーバー側にその権限はありません。よって、上のやり取りでは、相手の前衛は、ルールを理解していない、ということがわかります。もちろん、打ったリターンが決まったのなら、そのポイントはレシーバーチームのものです。

CHECK! サーブの打ち直し

サーブがネットに触れて、相手のサービスエリアに入った場合は、ファーストサーブならファーストから、セカンドサーブならセカンドからの打ち直しになる。グランドスラム等の大きな大会では、以前は、その音を聞くための「ネットジャッジ」が存在したが、いまでは、センサーが取り付けられ、ネットに触れたかどうかの判定は、主審が行うようになっている。

049 ダブルスの試合でネットの隙間を抜けてボールが返ってきたとき

質問 ダブルスの試合です。プレイ中に、ネットポストとネットの間の隙間を通過したボールが、ネットポストにもネットにも触れることなく、相手コートに入ってエースになりました。このケースはどちらの得点となりますか？

回答 これは相手側の得点です。こちらが打ったボールは「スルー」という反則になり、ボールが、ネットポストとネットの間を通り抜けた時点で、それを打った選手の失点になります。ネットポストの外からコートに入ってくる「ポール回し（80ページ参照）」と勘違いしやすいので注意してください。

CHECK! スルー

写真のように、正しくネットが張られている場合は、ボールが、ネットポストとネットの間を通り抜けることはないが、草大会等で、ネットが正しく張られていないコートでは、斜線部に隙間ができているケースがある。そこをボールが擦り抜けたとしても、そのボールは「スルー」で、打った側の失点になる。

050 脱げたシューズにボールが当たったとき

質問 ダブルスの試合です。ネットプレイでパートナーと交錯したときに、足を踏まれて、シューズが脱げてしまいましたが、プレイを続行しました。しかし、その後のプレイで、そのシューズに相手のボールが当たって、ボールを返せませんでした。これは相手の得点になりますか？ また、試合中にシューズが脱げたときは「レット」をコールできますか？

回答 インプレイ中にシューズが脱げたときは、プレイを続行しなければいけません。シューズは、持ち物扱いではないので、脱げたとしても、ボールを落としたときのように、「レット」をコールすることはできません。質問のケースで言えば、シューズにボールが当たった時点で、相手の得点となります。

051 試合中にポケットから ボールが落ちたとき

質問 A/B対C/Dのダブルスです。インプレイ中に、サーバーだったAのポケットからボールを落ちたので「レット」となりました。その後、やり直しのポイントで、今度はスマッシュを打つ寸前に、Bの帽子が飛んでコート上に落ちてしまいました。このケースはどうなりますか？

回答 これはA/B組の失点になります。インプレイ中のインボランタリーヒンダランス（意図的でない妨害）は、1度目は「レット」となり、2度目以降は自動的に失点となります。

このルールは、ダブルスではチーム単位で適用されるので、Aがボールを落としたときが1度目、Bが帽子を落としたのが2度目とカウントされ、C/D組のポイントとなるわけです。

052 試合中にパートナーのラケットを手にしてプレイしたとき

質問 ダブルスの試合です。サーブを打ったときに、サーバーのラケットがすっぽ抜けてしまいましたが、ボールは相手コートに入りました。パートナーの前衛は、サーバーのラケットを拾い上げながら、相手のリターンをボレーで返球し、その後、サーバーにラケットを手渡してプレイを続行。最後はサーバー側がスマッシュを決めました。このポイントは認められますか？

回答 これはサーバー側の失点となります。前衛が2本のラケットを持ってプレイした時点で、サーバー側のルール違反となり、相手のポイントになるからです。つまり、相手チームは、プレイを続行する必要はなかったというわけです。

質問のケースでは、サーバーは、手から離れたラケットは、自分で拾うしかありません。実際にはあり得ない状況ですが、「2本のラケットを持ってプレイしてはいけない」ということは、しっかり頭に入れておきましょう。

053 ダブルスでサーバー側の前衛が「レット」をかけたとき

質問 ダブルスの試合です。サーバー側の前衛が「サーブがネットに触れた」と言って、「レット」をコールし、プレイが止まってしまいました。ルール上、サーバー側はサービスレットのコールはできないはずです。しかし、このコールによって、リターン側は、サーブの打ち直しを認めてしまいました。このようなときは、どう対処するのが正しいのですか？

回答 微妙なケースですが、この場合は、お互いに「ネット」を認めたと考えて、サーブのやり直しで、プレイを続行しても構わないと思います。

ただし、レシーバー側が「ネット」を認めなければ、プレイが止まった時点で、サーバー側の失点になります。

(JTA TENNIS RULE BOOK 2015 P58)

054 ダブルスで一人の選手が戦えなくなったとき

質問 ダブルスの試合です。5-1のサーブゲームで、40-15となったときにパートナーの前衛が捻挫してしまいました。あと1ポイントで終わりなので、パートナーにはベンチでアイシングしてもらって、1対2の試合をしようとしたところ、相手から「それは認められません」と言われてしまいました。こういう特殊な事情があるときは、シングルス対ダブルスの戦いもOKなのではないですか？

回答 心情はよくわかりますが、このケースでパートナーがベンチに座っていることはNGです。ダブルスは「一人で相手チームとプレイすることはできない」と明記されているので、一方の選手がベンチに座っていることは認められないからです。

ただし、1対2の試合は現実的には可能です。捻挫をしたパートナーには酷ですが、パートナーが自分たち側に立ってさえいれば（コートの内・外関係なし）、サーバーが一人でプレイしても反則にはなりません。

(JTA TENNIS RULE BOOK 2015 P14.P20)

CHECK! 1対2のダブルス

同様のケースは、2004年のデ杯のインドネシア戦でも生じた。熱中症で動けなくなった寺地貴弘選手をコート上に残した状態でトーマス嶋田選手が1対2の戦いを挑んだ。

055 ファーストサーブでフォールトになったボールを拾わなかったとき

質問 ダブルスの試合です。サーバーの打ったファーストサーブはフォールトで、自陣のネット際に転がっていました。その後、セカンドサーブでラリーとなったとき、前衛は転がっていたボールが邪魔になったので、コート外に蹴り出しました。相手はそれが気になったようで、ボレーミスして、すぐに、「いまのは明らかなヒンダランスです。ポイントをやり直しましょう！」とアピールしてきました。この場合、レットにすべきですか？

回答 このケースは「リプレイザポイント」にはなりません。ミスした後の抗議は認められないからです。ボールを蹴り出した直後に、相手が「レット」をコールしていれば、ポイントのやり直しとなったケースです。

(JTA TENNIS RULE BOOK 2015 P51.P52)

PART5

知っておきたい特殊なルール

056 セルフジャッジの試合で オーバールールが成立するとき

質問 セルフジャッジで行われる草トーナメントの試合で、オーバールールができるケースというのはあるのでしょうか？

回答 セルフジャッジの試合では、基本的に、コートの向こう側で起こったことについてのオーバールールは認められていません。ただし、クレーコートの試合だけは、打ったボールのマークがしっかり残るので、ボールの「イン」と「アウト」をチェックすることがルールで認められています。

例えば、「アウト！」と言われたときでも、相手側コートのボールマークをチェックして、入っていたら「イン」に覆すことができるわけです。これは「ボールマークインスペクション」と呼ばれるルールで、グランドスラム大会でも全仏オープンではよく目にする光景です。

(JTA TENNIS RULE BOOK 2015 P57)

CHECK! ボールマークインスペクション

審判がついた試合では、プレイヤーはボールマークを調査する目的でネットを越えることはできないが、セルフジャッジの試合では、必要であれば相手コートに行って、ボールマークを確認することができる。このときに、両者が示すボールマークの位置が食い違った場合、または、しっかり判定できるほどのマークが残っていない場合は、最初のコールが成立する。

057 入っていたセカンドサーブを「フォールト」と言ってしまったとき

質問 セルフジャッジの試合です。相手のセカンドサーブがネットに触れた後、サービスラインぎりぎりに落ちました。その瞬間に思わず、「フォールト！」と言ってしまいましたが、ラインに乗っていたかもしれないと思い直し、「すみません。入っていたかもしれません。リプレイザポイントでお願いします」とリクエストしました。すると相手は、「それはできません。インをフォールトと言ったのだから、これは私のポイント（サーバーのポイント）です」と主張してきました。このケースはどうなりますか？

回答 サーブのボールがネットに触れた時点で、そのショットの判定は「サービスレット」か「フォールト」のどちらかしかありません。質問のケースでは、レシーバーは最終判定として「イン」を認めたので、ルール上はサービスレットが成立します。

つまり上記のサーブがファーストであれば、ファーストサーブの打ち直し、セカンドサーブであれば、セカンドサーブの打ち直しです。レシーバーが主張する「リプレイザポイント」も、サーバーが主張する「私のポイント」も正しくありません。

ただし、ネットに触れなかったサーブの場合は、レシーバーが「やっぱり入っていました」と認めたのなら、サーバーのポイントとなります。

058 ネットポストの外側から ボールが飛んできたとき

質問 コートの外から打ったボールが、ネットポストに触れることなく、相手コートに入って、エースになりました。相手はそのショットに対し、「ボールがネットよりも低いところを通ってきたから無効です」とアピールしてきました。このショットは有効ですか、無効ですか?

回答 このショットは有効で、打ったプレイヤーの得点になります。これは一般に「ポール回し」と呼ばれるショットです。ネットポストの外側から打たれたボールは、ネットの高さが出ていなくてもOK。たとえば、地上5センチを飛ぶ、超低空のボールでも、相手コートに入れば有効返球となります。

059 ネットを越える前に相手ボールを打ってしまったとき

質問 前衛にいたときに、相手のボールがフワフワと上がってきたので、思わず力んでしまって、ネットの仮想延長線上を越えて打ってしまいました。このとき、ネットには触れていませんが、相手は、「オーバーネットなのでこちらのポイントです」とアピールしてきました。これはどちらの得点になりますか？

回答 これは相手の得点になるケースです。ネットの仮想延長線上を越えて打つのはルール違反だからです。ミニ知識として覚えておいてほしいのは、このような反則は、一般的には、「オーバーネット」と言われていますが、正しくは、「ファウルショット」という違反です。

060 バックスピンでボールが相手コートに戻りそうなとき

質問 相手が打ったボールには、強いバックスピンがかかっていて、バウンドした後に、相手側のコートに戻ろうとしていました。あわてて打ち込んだボールはエースになりましたが、ボールを打った場所は、ネットを越えていました。それを見た相手は、「いまのはオーバーネットなので、こちらの得点です」と主張してきました。このケースは、どちらの得点となりますか？

回答 これは、このボールを打ったプレイヤーの得点です。ルールブックには、「ネットを越えて戻ってしまったボールは、ネットに触れることなく打たなければ（ラケットで触らなければ）有効返球にはならない」とあります。

これは、反対の見方をすれば、自分側のコートで一度バウンドしたボールは、ネットを超えて打球しても、ネットに触れなければ、正しいストロークと判断されるということです。もちろん、前ページの059と同様に、バウンドする前のボールを同じような形で打ったら、ファウルショットの反則になります。

(JTA TENNIS RULE BOOK 2015 P19)

CHECK! ファウルショット

ボールがネットを越える前に打ったとき、故意に2度打ちしたときの反則はファウルショットとなる。

061 相手のフットフォールトが気になったとき

質問 セルフジャッジのダブルスです。相手のサーバーが頻繁にフットフォールトをするので、パートナーの前衛が「フットフォールト！」とコールしたところ、「セルフジャッジの試合では相手のフットフォールトは取れないはず」と言われてしまいました。これが本当なら、フットフォールトのし放題になると思うのですが……。

回答 43ページの023でも紹介したように、セルフジャッジの試合では、相手のフットフォールトを取ることはできません。基本的にセルフジャッジの試合では、「相手側のコートで起こることをジャッジすることはできない」と理解しておいてください。あまりにひどいときは、ロービングアンパイアやレフェリーを呼んでチェックしてもらいましょう。セルフジャッジの試合でフットフォールトをコールできるのは、オフィシャルだけです。

062 シングルスの試合でダブルスエリアの ネットに足が触れたとき

質問 シングルスの試合です。アングルボレーを拾いにいった勢いで、シングルス・スティックとネットポストの間のネット部分（ダブルスコートエリア）に足が触れてしまいました。それを見た相手は、「ネットタッチ」を宣言して、プレイを止めてしまいました。これはどちらのプレイヤーの得点になりますか？

回答 拾ったボールが相手コートに入ったのなら、あなたの得点になります。質問にあるネット部分は、ルールでは「パーマネント・フィクスチュア」扱いで、シングルスコートではないとされているからです。

つまり、その部分に触れてもネットタッチが成立しないということです。上のケースではプレイを続行するのが、相手の正しい対処だったわけです。

CHECK! パーマネント・フィクスチュア

パーマネント・フィクスチュアとはテニスコートに付帯する常設物のこと。バックフェンスやサイドフェンス、審判台、スコアボードなどの施設、設備だけでなく、チェアアンパイア、ラインアンパイア、ネットアンパイア、ボールパーソンまでパーマネント・フィクスチュアに含まれる。プレイ中のボールが、地面に着地する前に、パーマネント・フィクスチュアに触れた場合は、そのボールを打ったプレイヤー（チーム）の失点となるが、プレイヤー自身が触れた場合は、失点にはならない。

063 シングルスの試合でダブルスエリアにラケットが触れたとき

質問 シングルスの試合です。ネット際でボレーをしたときに、ネットポストとシングルス・スティックの間のネット部分に、ラケットが触れてしまいました。それを見た相手は、「ネットタッチ!」と、プレイを止めてこちらの失点をアピールしてきました。これは相手の得点となるのですか?

回答 これも、前ページの062と同じケースです。ラケットが触れた部分はダブルスコートエリアなので、ネットに触れても「タッチ」の反則とはなりません。このケースでもプレイを続行するのが、相手の正しい対応です。

064 相手コートにラケットを突いてしまったとき

質問 ドロップショットを打ち返した後、勢いが止まらず、ネットタッチしそうになったので、持っていたラケットをつっかえ棒のように相手コートに突いて、ネットタッチを防ぎました。このケースは、失点となりますか?

回答 これは失点です。ラケットを相手コートに突いた時点で、相手プレイヤーの得点となります。インプレイ中に相手コートに侵入した場合は、どんなケースでもルール違反。ラケットが相手コートに触れても同じことです。

065 手から離れたラケットで打った ボールがエースになったとき

質問 ボールを打ったときに、手が滑ってラケットが飛んでしまいましたが、打ったボールは相手コートに返って、クリーンエースとなりました。このケースはどちらの得点となりますか?

回答 これは、ボールを打ったプレイヤーの得点です。ラケットが手から離れたのは、ボールを打った後なので、有効返球と見なされるからです。ただし、手から離れたラケットが、ネットに触れたり、相手のコートまで飛んでいった場合は、打ったプレイヤーの失点となります。

また、質問のケースは、「ボールを打ったとき」という設定ですが、「届かない」と思って意図的にラケットを手離した場合、打ったボールがエースになったとしても、相手プレイヤーの得点となります。

066 ズル賢い相手と対戦したとき①

質問 セルフジャッジのシングルスです。相手はこちらのサーブをリターンできなかったときは、「ネット（サービスレット）」をコールし、リターンがエース級に返ったときは、ネットに触っていても、そのままプレイを続行することがあります。こんなズルい相手と対戦するときの対処法はありますか？

回答 相手はなかなかの知能犯です。なぜなら、セルフジャッジのルールをうまく利用しているからです。

ルールを整理してみましょう。セルフジャッジでは、サーブに関してコールする権利があるのはレシーバーだけです。またレシーバーのコール（サービスレットやフォールト）が有効なのは、サーバーがリターンを打ち返すまでのタイミングです。レシーバーが、「レット」や「フォールト」をコールしなければ、すべてインプレイとなります。

つまり、セルフジャッジの試合では、サーブの判定について、サーバーは、ルールでは守られていないということです。よって、インかフォールトかわからない微妙なサーブを打ったときは、サーバーは、つねに相手の返球に備えて、プレイを続行する準備をしておくべきです。

質問の相手は、そうしたセルフジャッジのルールを巧妙に利用しているわけです。しかし本来は、レシーバーはリターンを打つ前に「ネット」か「フォールト」をコールしなければいけません。反射的に打ち返してしまったリターンは仕方ないとしても、打ち終わってからの「ネット」や

「フォールト」のコールは遅すぎます。

対処法としては、まずは、「早めにジャッジしてください」とお願いしてみることをお勧めします。それでも、改善しない場合は、「最悪のマナーの相手と当たった」と覚悟して、プレイに集中するしかありません。こんな相手に、腹を立てたら終わりです。

067 ズル賢い相手と対戦したとき②

質問 セルフジャッジのシングルスです。相手のファーストサーブはフォールトで、そのボールは相手側のサービスライン付近に転がって止まりました。そこで、「ボールが気になるので拾ってもらえますか？」と言うと、サーバーは拒否しました。仕方なく、そのままセカンドサーブからプレイを続行すると、相手は、放置しておいたボールが「風で転がった」と言って「レット」をコール。ファーストサーブからのやり直しを主張してきました。ボールを放置したのは相手です。こんな勝手な主張は通るのでしょうか？

回答 ルールを厳密に解釈すれば、このケースでも「レット」は成立することになります。コートに転がっていたボールは、最初から「そこにあるもの」と判断されますが、風などで、そのボールが転がって、危険な状態になったとか、どかさないとプレイが続行できないというときは、レットをかけることができるからです。

しかし、このケースでファーストサーブのボールを放置したのは相手です。他のコートからボールが入ってきたわけではありません。サーバー自らの判断（ボールの放置）が妨害になったわけなので、「レットをコールする権利はなく、プレイを続行すべき」という解釈も成り立ちます。このようなトラブルが起こらないように、フォールトのボールは邪魔にならないところにあるか、お互いに確認しながらプレイするのがマナーです。

CHECK! ルールの解釈

ルールブックには、実際にコートで起こるすべての現象が明記されているわけではない。左記のように、ルール解釈の仕方によって、齟齬が起きる場合もある。審判がついた試合ならば、審判が解決法を示してくるが、セルフジャッジの試合では、お互いの意見が食い違いどうしても判断がつかない場合もあるので、そうした場合は、オフィシャルを呼んで判断を仰ぐようにしよう。

068 相手の帽子が風で飛んだとき

質問 プレイ中に被っていた帽子が風に飛ばされて、コート内に落ちてしまいました。このとき、対戦相手が落ちた帽子を見て、「レット」をアピールしてきました。落ちたのは自分の帽子です。自分が「レット」をかけたわけではないので、このままプレイを続行するのが正しい判断ではないのでしょうか？

回答 このケースは「レット」が成立します。インプレイ中にラケット、シューズを除く持ち物を落としたときは、相手選手はいつでも「レット」をコールすることができます。逆に、自分の「持ち物」を落としたときに、自ら「レット」をかけることはできません。

しかし、ルールブックのセルフジャッジの項目には、そうした記述がないので、「持ち物を落としたときはどちらのプレイヤーでもレットのコールができる」と思っている人もいます。「持ち物を落としたことにレットをかけられるのは相手選手だけ」という認識をしっかり持ちましょう。

(JTA TENNIS RULE BOOK 2015 P52)

CHECK! プレイヤーの持ち物

質問のケースに登場する「帽子」の他に、プレイヤーの持ち物と判断される物としては、「ポケットに入れたボール」、「メガネ」、「アクセサリー」などがある。持ち物を落とした場合は、1度目ならレット、2度目以降は、故意による妨害として、失点となる。

069 インプレイ中に シューズが脱げたとき

質問 ラリー中に履いていたシューズが脱げてしまいました。このとき、靴が脱げたプレイヤーは、レットをコールできますか？

回答 インプレイ中、持ち物・着衣を落としてしまう事柄に関しては、1回目は意図的ではない妨害として、2回目は故意の妨害と見なされるのが現行のルールです。しかし、シューズはラケットと同様に、持ち物にも着衣にも相当しません。インプレイ中にシューズが脱げた場合は、そのままプレイを続けなくてはいけません。

同様に相手のシューズが脱げたときも、こちらから「レット」はかけられません。と言っても、これは相手が圧倒的に不利な状況。そんな状況で、わざわざ「レット」をかける人はいませんよね（笑）

070 相手の振動止めを自分のコートで見つけたとき

質問 相手のスマッシュが決まった後で、相手の振動止めが、こちらのコートに落ちているのを見つけました。こうしたケースは、どちらのポイントになりますか？

回答 これは、相手のポイントです。振動止めを見つけたのはポイント終了後のことです。もし、インプレイ中に相手の振動止めが外れて、自分側のコートに飛んできたことを確認すれば、イノベージョン（侵害）の反則となりますが、質問のケースのように、ポイント終了後に発見したのであれば、反則が起きたことにはなりません。

CHECK! 振動止めの取り付け場所

振動止めは、打球時の振動を、抑制したり、予防する目的で取り付ける物で、使う箇所は「合理的でなければならない」と記されている。また、取り付け場所は「ストリングの交差模様の外側部分」とされており、打球面に取り付けるのはNG。ただし、個数についての記述はないので、複数個つけてもルール違反にはならない。

071 自分の振動止めが外れたとき

質問 ポイントを決めた後、振動止めが外れていることに気づいて、コートを見渡していると、相手は、「もしかしたらこの振動止めを探しているのですか?」と言って、自分のコートに落ちていた振動止めを示しました。その振動止めを自分の物と認めると、相手は、「私が発見したのだから、これは私のポイントです」と言ってきました。このケースは、本当にこちらの失点になるのですか?

回答 このケースも失点にはなりません。ルールでは、振動止めは「ラケットの一部」と考えます。振動止めが、インプレイ中に外れてしまったケースは、それが相手に直接当たったり、ネットに触れたり、相手コートまで飛んだことを、現行犯で確認されないかぎり、失点とはなりません。インプレイ中にそうした事実が確認されない場合は、終ったポイントは成立します。

質問のケースのように、ポイント終了後に、落ちていた振動止めを相手が発見しても、判定が覆ることはありません。また、自分のコートに振動止めを落として、プレイが続行した場合も、それを発見した対戦相手が「レット」をかけることができません。ただし、大きな振動止め(ストリングに編み込むような物)が外れて、プレイの邪魔になるような場合は、それが相手コートの出来事でも「レット」をかけることができます。

072 セカンドサーブを打つ前に シングルス・スティックが倒れたとき

質問 セカンドサーブを打とうとしたら、シングルス・スティックが自然に倒れてしまいました。スティックを立て直したサーバーは、「ファーストサーブからの打ち直し」を主張、レシーバーは、「セカンドサーブから再開」を主張しています。どちらのプレイヤーの考え方が正しいのですか？

回答 これは、ファーストサーブから打ち直しとなるケースなので、サーバーの主張が正しいということになります。倒れたシングルス・スティックを正しく直すには、かなり時間がかかります。これがサーバーへのヒンダランスに該当するからです。

073 ネットに付属したスコアボードに ボールが当たったとき

質問 ネットポストにスコアボードが取り付けられているコートで試合をしていました。ラリー中、ボールがこのスコアボードに当たって角度を変え、相手コートに落ちて、ポイントが終了しました。そのボールを打った選手は、有効返球を主張し、相手選手は、無効を主張しています。どちらの主張が正しいですか？

回答 これはそのボールを打った選手の失点となります。このスコアボードは、本来あってはいけない場所に取り付けられています（ルール違反）が、こうした付属物は、審判台と同じく、パーマネント・フィクスチュアとして考えられます。つまり、スコアボードに当たった時点で、そのボールを打った選手の失点になるということです。

074 ユーズドボールとニューボールを試合球に使うとき

質問 試合の終盤でボールが紛失したので、替えのボールを要求したところニューボールでした。最初のボールはもうぼろぼろです。ニューボールでサーブをしたい相手は、ファーストサーブがフォールトすると、「すみません。そのボールを取ってください」と言ってきます。この要求は拒否できるのでしょうか？

回答 これはかなり特殊なケースで、明確な回答はできませんが、ルールブックには「第1サービスを失敗したら、同じサイドから速やかに第2サービスを打つ」という記述があります。これに則れば、「ボールを取ってくれ」という、相手の要求は拒否しても構わないと思います。

(JTA TENNIS RULE BOOK 2015 P16)

PART6

試合方式やスコア、ポイントに関するQ&A

075 ポイントで両者の見解が食い違うとき

質問 セルフジャッジのシングルスです。サーブを打つ前に「30-15」と相手に聞こえるようにコールして、そのポイントを取ったので、次のサーブを打つ前に「40-15」とコールしたところ、相手は「いま30-30です」と言い返してきました。先のコールで「30-15」を納得したはずの相手が、ポイント終了後に、このように言ってきた場合でも、両者が納得できるポイントに戻って、プレイを再開しなければいけないのですか？

回答 困った問題ですが、セルフジャッジの試合ならば、「40-15」から強引にプレイを再開するのは難しいと思います。

質問のケースを整理すると、3ポイント目を終えたときの、2人の認識が「30-15」と「15-30」で食い違っていたということです。ポイントに対する見解が食い違っていた場合は、お互いが同意するポイントまで、「さかのぼる」のが基本です。

質問のケースで言えば、2ポイント目が終わった時点の「15-15」まで、お互いに合意しているなら、それに直前にサーバーが取ったポイントを足して、「30-15」から再開するのが正しい解決法です。

ただし、質問のケースでは、サーバーは、はっきりとポイントコールを行っているわけなので、レシーバー側にかなりの過失があると言えます。こうした揉め事が起こらないように、サーバーは、アナウンスした声がレシーバーに届いているか、確認しながらサーブに入るようにしましょう。

076 ダブルスでレシーブサイドの間違いに気づいたとき

質問 セルフジャッジのダブルスです。15-30のスコアで、サーバーがファーストサーブをフォールトしたときに、相手のレシーブサイドが変わっていることに気づきました。正しくは、デュースサイド側に入るプレイヤーが、アドサイドに入っていたのです。この場合、どうするのが正しい対処ですか？

回答 このサーブゲームは、レシーバー側は誤ったサイドのままでプレイし、同じセットの次のレシーブゲームから、正規のサイドに戻すのが正しい対処法です。

間違いに気づいたからといって、15-30のセカンドサーブから、レシーバーのサイドを戻してはいけません。誤りを発見した時点で、すぐに正しいサイドに戻すと、同じレシーバーが繰り返しリターンをすることになります。これはレシーバー側が有利と見なされています。これを防ぐためのルールです。

077 ダブルスでサーブを打つ順番の間違いに気づいたとき

質問 ダブルスの試合です。5-5になったときに、サーブを打つ順番を間違って、同じ人が2ゲーム続けてサーブを打ってしまいました。お互いにサーブ順の間違いに気づいたのは、15-0のファーストサーブがフォールトした時点です。レシーバー側は、「前のポイントは無効ですね！0-0から正しいサーバーに戻して再開しましょう」とアピールしてきました。この場合、どういう対処をするのが正しいのでしょうか？

回答 このケースは、5-5の15-0のまま正しいサーバーに戻して、セカンドサーブから試合を再開するのが正解です。間違いに気づいた時点で、正規のサーバーに戻すのが正しい対処です。

これは、30-15や40-30と、もっと試合が進行していたケースでも同様です。ただし、注意してほしいのは、間違った順番のままゲームが終了してしまったケースです。

例えば、3-3のサービスゲームで間違った順番のままゲームが終了した場合は、その後のゲームは、その間違ったままのサーブ順でセットをプレイしなければいけません。

つまり、「ゲームの途中で気づいたとき」と「ゲームの終了後に気づいたとき」で、対処の仕方が違うということです。少し、ややこしいですが、2つのルールを混同しないようにしましょう。

078 ノーアドで ミックスダブルスを戦うとき

質問 ノーアドバンテージ方式で行なわれるミックスダブルスの試合で 40-40 になったら、レシーバー側のリターンサイドチョイスではなく、「男性がサーバーのときは男性がリターンし、女性がサーバーのときは女性がリターンをしなくてはいけない」って本当ですか？

回答 はい、その通りです。通常の男ダブ、女ダブの試合では、40-40 になったら、レシーバーチョイスでリターンサイドを決めますが、ノーアドバンテージ方式でミックスを行う場合は、質問にあるように、男性サーブなら男性リターン、女性サーブなら女性リターンと決められています。「はじめから決められてしまって面白くない！」という批判もありますが、この方式のほうが公平という声も多く聞かれます。

CHECK! ノーアドバンテージ方式の試合

試合の進行を早めるために、採用されているのがノーアドバンテージ方式の試合。シングルスならば、40-40のデュースになった時点で、レシーバー側がリターンサイドを決めて、次のポイントを取ったほうが、そのゲームの勝者となる。ダブルスの場合も、男子ダブルス、女子ダブルスは、同様に行うが、ミックスダブルスの場合は、サーバーが男性だったときは、レシーバーも男性、サーバーが女性だったときは、レシーバーも女性で行う。

079 ノーアドの試合で40-40になったとき

質問 ノーアドバンテージ方式の試合で、40-40になったらレシーバーチームがリターンサイドを選択しますが、このときは、それまでのレシーブサイドをチーム内で変えて、リターンをすることができますか？

回答 それはできません。レシーバーチームが、そのレシーブのサイドを変更できるのは、新しいセットに入るときのみです。40-40になったときは、レシーブサイドをチェンジすることはできず、どちらのサイドでリターンするかの選択しかできません。

080 ノーアドの試合で通常のデュースゲームのようにプレイしたとき

質問 ノーアドバンテージ方式の試合にもかかわらず、両プレイヤー(チーム)とも、通常のデュースゲームのようにプレイしてしまいました。双方が間違いに気づいたのはゲーム終了後で、ゲームを取ったのはサーバー側でした。このケースでは、そのままサーバー側がゲームの勝者となりますか?

回答 サーバー側がゲームを取ったことが認められます。ルールでは、ノーアドバンテージ方式の試合で、誤ってスタンダード形式の試合を行ったときのことが明記されています。質問のケースは、その③の「誤りに気づいたのがゲーム終了時だったら、その結果は成立する」に該当します。次ページでは、その他のケースを説明しています。違いをしっかりと把握しておきましょう。

ノーアドの試合でアドバンテージサイドのプレイをしてしまったとき

質問 ノーアドバンテージ方式の試合にもかかわらず、通常のデュースゲームのようにプレイしてしまい、サーバーAがポイントを取って、「アドバンテージA」とコールし、次のファーストサーブをフォールトしたところで、Aが間違いに気づき、「これはノーアドの試合でしたよね！ さっきのポイントはこっちが取ったからゲームは終了していました」と言ってきました。レシーバーのBは、ゲームを失ったことになりますか？

回答 これも、両選手ともノーアドバンテージ方式の試合にもかかわらず、40-40をデュースポイントと認識してプレイしたケースです。

ルールとしては、1ポイント終了していても、サーバーが「アドバンテージA」とコールして、プレイを続行したのであれば、そのポイントは「アドバンテージポイント」としてプレイしなければいけません。ファーストサーブがフォールトなら、セカンドサーブから続行です。質問にあるように、気づいたからといって、Aがゲームを取ったことにはなりません。

もちろん、そのポイントをAが取れば、Aのゲームです。ただし、そのポイントをレシーバーBが取って、再度デュースになった場合は、そこから、通常のノーアドバンテージ方式で試合を行わなければいけません。

(JTA TENNIS RULE BOOK 2015 P55)

082 ダブルスでタイブレークに入ったとき

質問 A/B 対 C/D のダブルスの試合です。ファーストセットは、タイブレーク7—5で終了しました。最後のポイントは、A/B 組のサービスエースでした。このとき次のセットは、どちらのチームのサーブから始まりますか？

回答 新しいセットはエンドチェンジした上で、C/D 組のサーブで始まります。すぐに答えられた方はタイブレークに慣れていると言えます。

タイブレークを7—5で終了したということは、A/B 組がこのタイブレークの最初のポイントでサーブを打ったということです。つまり、13ゲーム目のサーブ権は、A/B 組にあったということ。よって、次のセットの最初のサーブは C/D 組からとなります。「タイブレークも1ゲーム (13ゲーム目)」という認識があれば、「サーブはどっちからだっけ？」と戸惑うことはありません。

083 タイブレークでサーブを打つ順番を間違ったとき

質問 A/B組とC/D組のダブルスが、Aのサーブからタイブレークに入りました。このときは、A→CC→BB→DDの順番でサーブを行うところですが、サーブの順番を間違って、本来はBが打たなければいけない4ポイント目も、Aがサーブを打ってしまいました。C/D組がサーブ順の誤りに気づいたのは、4ポイント目を失った後です。このときC/D組は「間違った順番でサーブをしたのだから、今のポイントはレットにして、正しい順番に戻しましょう」と主張してきました。どうしたらよいのですか？

回答 上のケースでは、A/B組が取った4ポイント目は有効です。C/D組の主張のように、終わったポイントをレットにしてやり直すのは間違いです。タイブレークは、通常のゲームと違って、細かいルールがあるので、しっかりとルールを把握しましょう。

質問のケースでは、4ポイント目のA/B組のポイントは認められますが、5ポイント目は、A/B組は正しいサーバーである、Bにサーブを戻さなければいけません。ただし、5ポイント目もAがサーブを打った場合は、そのままの誤った順番で、最後までタイブレークを進行しなければいけません。

タイブレーク中のサーブ順の間違いは、偶数ポイントが終って、その間違いに気づいたら「すぐに正しいサーバーに戻し」、奇数ポイント後に気づいたら「その間違えた順番のままで最後まで行う」のが、正しいルール解釈です。

084 ダブルスでスーパータイブレークになったとき

質問 ダブルスの試合です。セットカウント1－1になって、スーパータイブレークに入りました。すると、相手は、それまでとサイドを変えてきました。これはルールで認められているのですか？ スーパータイブレークの試合方式があまりわかっていないので、詳しく教えてください。

回答 スーパータイブレークは、一つのセットという考え方ですから、新しいセットでサイドを変えるのは問題ありません。よって、この相手はルールに則っていることになります。同じ解釈の元に、サーブからスーパータイブレークに入る場合も、どちらのプレイヤーからサーブを打ってもよい、ということになります。

また、スーパータイブレークは、前のセットが「偶数ゲームで終ったらエンドチェンジなし」、「奇数ゲームで終ったらエンドチェンジして」行います。

もし、前のセットがタイブレークで終った場合は、13ゲーム（奇数ゲーム）を終えて、スーパータイブレークに入ったわけですから、エンドチェンジしてからのスタートになります。

CHECK! スーパータイブレーク

ルールブックには「スーパータイブレーク」という表現はなく、正しくは「10ポイントマッチタイブレーク」と言う。通常は、10ポイントマッチで行われることが多いが、7ポイントで行われるマッチタイブレークの試合もある。

085 40-30なのにデュースサイドからサーブをしてしまったとき

質問 本来のポイントは40-30だったのに、サーバーがデュースサイドからサーブを打って、ポイントが終了しました。するとゲームを失った相手が、「あれ? いまのポイントは40-30だったのでアドサイドからのサーブですね。サイドを間違っているのでやり直しましょう!」と提案してきました。このように間違ったサイドからサーブを打ってしまったケースで、ポイントが終了したときは、どう対処すればよいのですか?

回答 これもセルフジャッジの試合中によく起こるトラブル例です。上のケースでは、サーバーのポイントが認められ、サーバーのキープも認められます。なぜなら、間違ったサイドからサーブを打ったとしても、お互いに40-30というポイントの認識があったからです。

この他のケースとしては、例えば、30-30からのサーブをアドサイドから行い、その間違いに、40-30 (30-40) になって気づいた場合は、次のサーブは本来のアドサイドから打つのが正しい解決方法です。

このような間違いを起こさないためには、偶数ポイント (0-0、15-15、30-0、0-30、40-40) は、デュースサイドから、奇数ポイント (15-0、0-15、30-15、15-30、40-30、30-40、A-40、40-A) は、アドサイドからのサーブになると、頭に入れておきましょう。

086 長時間揉めた後にゲームを再開するとき

質問 「30-15」とアナウンスして、レシーバーがうなずいたので、ファーストサーブを打ちました。フォールトとなって、セカンドサーブを打とうとすると、レシーバーが「ちょっと待ってください。スコアは30-15ではなく15-30のはずですよ?」とクレームしてきました。その後、お互い記憶をたどり、結局、15-30を正しいスコアとしてゲームを再開することになりました。長く中断したので、打ち直しは「ファーストサーブからですよね!」と確認すると、レシーバーは、「セカンドサーブですよ!」と言ってきました。この場合のサーブは、ファーストからですか? セカンドからですか?

回答 これはファーストからの打ち直しとなります。ルールでは、「サーバーが自ら作り出したゲームの遅延以外の外的要因で、ファーストとセカンドの間のリズムが必要以上に崩されたときは、ポイントレットとする」と定められているからです。

質問のケースは、この条項に該当します。相手のクレームが、外的要因に当たるからです。相手には、「最初のスコア・アナウンスメントに同意しましたよね。それにも関わらず、ファーストがフォールトした後に、そちらの申し出を認めて、スコアの訂正を行いました。そして、この間、長く中断しています。このようなケースは、ファーストからの打ち直しが認められています」と伝えられれば、満点です。

087 ポイントで見解の相違があったとき

質問 セルフジャッジのシングルスです。ポイントを取って、「40-30」とコールし、サーブに入ろうとすると、相手は「いいえ、いまは30-40ですよ！」とクレームをつけてきました。その後、2人でポイントの取得状況を確認しましたが、どうしても2人の意見が食い違ってしまいます。結局、「じゃんけん」で決めてしまったのですが、このように、お互いのポイント認識が異なった場合は、どう対処すればよいのですか？

回答 これは、セルフジャッジの試合中にポイントで揉める典型例です。話し合ってもお互いが納得できない場合は、2人が認めるポイントまで戻るしかありません。ルールでは、ポイントの見解で相違があったときは「お互いに合意するところまで戻り、直近のポイントを加算して再開する」となっています。

例えば、上のケースでは、サーバーは「30-30」と思ってプレイし、レシーバーは「15-40」と思ってプレイしていたわけです。そうなると、そこに至るまでの経過を、「1ポイント目は私がパスで取った。2ポイント目は私がダブルフォールトした……」など、2人での確認作業が必要になります。その上で、両者が2ポイントずつ取ったことを確認したとすれば、そこに直近のポイントを加算して、プレイを再開することになります。このようなトラブルを防止するためにも、サーバーはポイント毎に、ポイントコールをしっかり行うようにしましょう。

088 ポイントが終了してから クレームをつけられたとき

質問 ダブルスの試合です。サーバー側の前衛が「ネット」とコールしましたが、サーバーには聞こえなかったようで、そのままプレイが続き、長いラリーの後にリターン側が失点しました。そのときリターン側が「さっきネットをコールしましたよね？ サーバー側はネットのコールはできないので、このポイントはレットになるはずです」とクレームをつけてきました。このケースの判定はどうなりますか？ サーバー側の立場でその対処法を教えてください？

回答 相手の主張のように、サーバー側の前衛が、パートナーのサーブのコールをすることはできません。しかし、前衛が声を出したとしても、そのコールに関係なくプレイが続行したということは、リターン側は、レットを認めなかったということです。このように、プレイが中断することなく、続いたときのポイントは成立します。

例えば、相手のライン際のボールがアウトだったとしても、アウトをコールせずに返球した場合のプレイは続行します。あとから「さっきのボールはアウトでした」と言っても認められません。これと同様のケースと考えてよいでしょう。

相手のアピールに対しては、「そちらがレットを認めていればプレイを止めたはずです。プレイを続けたということはレットを認めなかったということですよね！ これはこちらのポイントになります」と答えてください。

089 スコアで相手と揉めたとき

質問 1セット目を6-4で取ったつもりでベンチに戻ろうとすると、「あれっ？ いま5-5ですよ！」と言われ、ゲームスコアで言い争いになってしまいました。スコアでお互いの意見が食い違うときは、どうするのが正しい対処ですか？

回答 考え方は、スコアが食い違ったときも、ポイントが食い違ったときと同じで、お互いが納得（両者で確認）できるところまで戻って、試合を再開することになります。

上のように、「6-4」か「5-5か」で揉めた場合は、第10ゲームを迎えるとき、サーバーは「5-4」と思っていて、レシーバーは「4-5」と思っていたということです。「4-4」までスコアで同意しているのなら、そこに直前のゲームを足して5-4から再開するのが正しい解決法です。いずれにしても、新しいゲームに入るときは、サーバーがスコアをはっきりとアナウンスし、両者でスコアを確認しながら試合を進めるようにしましょう。

090 サーバーが行うべき試合カウントのアナウンス

質問 ルールブックには「サーブをするとき、サーバーは、その時点のスコアをハッキリと声を出してアナウンスし、レシーバーの同意を確認してからサーブをする」とありますが、正しいアナウンスの仕方を教えてください。

回答 スコアのアナウンスはサーバーの義務です。新しいゲームが始まるときは、リードしている選手のほうから、ゲームスコアをアナウンスします。例えば、サーバーのAが、3－1でリードしているときは「3－1、A」、レシーバーのBが、3－1でリードしているときは「3－1、B」と伝えるのが、正しいアナウンスです。

ただし、セルフジャッジの試合ならば、サーバーが3－1でリードしていれば「3－1」。レシーバーが3－1でリードしていれば「1－3」と、選手名を省いてアナウンスしてもOKです。また、ゲーム中のポイントは、サーバー側のポイントから伝えるようにしましょう。

タイブレークのときも「3－0」（または0－3）というように、現状のスコアを明確にアナウンスしてから、サーブに入るようにしましょう。ちなみに「0」は、ゲームでは『ラブ』、タイブレークでは『ゼロ』と発音します。

1セットマッチのセルフジャッジの試合では、セット終了時や試合終了時のアナウンスメントは必要ありませんが、3セットマッチなどで、新しいセットに入るときは、これまでのセットスコアと、その勝者の名前をお互いに確認しておくのがマナーです。

column3

ルールは毎年更新されている

いまでは、各セットとも6-6になったらタイブレークが行われていますが、1970年代までは、すべてのセットがロングゲームで行われていました。その名残りが、グランドスラム大会とデビスカップの第5セットです。記憶に新しいところでは、2010年のウィンブルドン1回戦で、ファイナルセット70-68という記録が残っています。このセットだけで8時間11分の戦いとなりました。

また、いまでは第1ゲームが終わったときはベンチに座ることはありませんが、これも2000年までは、第1ゲーム終了後はベンチに座ることが許されていました。

このように、ルールは、時代に合わせてアレンジされています。昔はなかった「ドーピング」や「電子機器の使用」についての記述が、いまではルールブックにしっかりと書き込まれています。『JTAテニスルールブック』は2015年版で42版。ルールは毎年、更新されているのです。

フューチャーズの会場に掲示してあった注意書き。ルールがアップデートされる都度、このようなインフォメーションが選手に届けられるわけです

PART7

ラケット等用具に関するルールについて

091 すべてのラケットのストリングスが切れて予備ラケットがなくなったとき

質問 試合コートに持ち込んでいた3本すべてのラケットのストリングが切れてしまいました。予備のラケットが駐車場の車の中に1本残っていたので、対戦相手に許可を得て、ラケットを取りに行き、試合コートに戻ったところ、コートを巡回していたレフェリーから「失格」を宣告されてしまいました。このようなケースで本当に失格になるのですか？

回答 トーナメントの主催者が、「切れたストリングは使用禁止」と定めていれば、このケースは失格になります。ストリングが切れたラケットで新しいポイントをプレイすることを認めていないからです。手持ちのラケットがなくなってしまった場合、選手は何らかの方法でラケットを見つけるしかありません。コート外にいるロービングアンパイアや知人にラケットを取ってきてもらったり、知人からラケットを借りることはできますが、ラケットを取りに行く理由で、試合コートを離れることはできません。

このような事象は「補充行為」に当たり、時間内に次のポイントを始めないと、ゲーム遅延という罰則が適用されます。違反した選手は、時間の経過とともに、ポイント間は20秒、エンドチェンジ間は90秒、セットブレイク間は120秒の時間内にプレイを始めなければならず、できない場合は、1回目は警告、2回目はポイントペナルティ、3回目はゲームペナルティのコードバイオレーション（ゲームの遅延）ルールが適用され、失点や失ゲームと

なります。現実的には、持ち込んだラケットのストリングスがすべて切れた時点でアウトです。試合に出場するときはかならず予備のラケットを準備するようにしましょう。

ただし、ルールブックには「インプレイ中のストリングが切れてしまっても、切れたままのラケットで次のポイントをプレイできる」という記述があります。草トーナメントなどで、予備のラケットがなくなった場合、切れたままのラケットを使用しても、「即失格」ということにはなりません。

(JTA TENNIS RULE BOOK 2015 P49.P50.P10)

092 シューズが破損してしまったとき

質問 試合中に、履いていたシューズの靴底が剥がれてしまいました。もうこのシューズではプレイを続行することができません。いったんコートを離れて、替わりのシューズを取りに行くことは可能ですか？

回答 試合中にシューズ（ウエアを含む）等が破損し、プレイ続行が不可能なときは、それを交換する目的で、試合コートを離れることができます。もちろん、このときには、審判やレフェリー等の許可を得る必要があります。また、それに許されている時間は、国内公認大会では「理にかなった時間」と明記されています。

みなさんが出場する草トーナメント等でも、常識的な時間内だったら認められると考えてよいでしょう。また、心配なら、事前に大会本部に確認しておくと、トラブルを避けることができます。

(JTA TENNIS RULE BOOK 2015 P51)

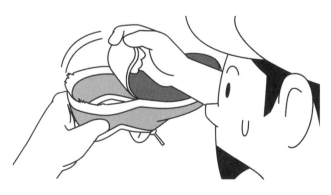

093 試合中に汗で気持ち悪くなったシューズを交換したいとき

質問 蒸し暑い炎天下の中で、2時間を超える試合になりました。シューズの中まで汗でぐっしょりになったので、ロービングアンパイアを呼んで、「シューズの中が濡れて不快だし、滑って怪我をしそうです。駐車場の車の中に替えのシューズがあるので、次のエンドチェンジで取り替えにいってもいいですか？」とリクエストしたところ、「シューズが壊れたわけではないので認められません」と言われてしまいました。シューズ交換に関する正しいルールを教えて下さい。

回答 このケースは、ロービングアンパイアの言う通りシューズ交換は認められません。コートを離れて替えのシューズを取りに行けるのは、コート上に持ち込んだシューズがプレイ中に破損した場合のみで、会場内に予備があるときは理にかなった時間内で取りに行くことができます（この場合は、1試合に1回のみエンド交代時かセットブレーク時に延長時間が認められる）。それ以外は、汗や雨で濡れても、シューズの交換のためにコート外に出ることは認められません。心配だったら、あらかじめ予備のシューズをコートに持ち込むようにしましょう。

CHECK! ロービングアンパイア

主審がつかない試合で、試合コートを巡回し、コート内の様々なトラブルに対応するオフィシャルのこと。プレイヤー自身、または、プレイヤー間で解決できない問題が発生したときは、ロービングアンパイアを呼ぶことになる。

094 試合中にストリングスが切れたとき

質問 サーブをリターンしたときに、ストリングスが切れたので、「レット」をかけましたが、相手には聞いてもらえず、返したボールでラリーとなり、最後はポイントを失ってしまいました。このようなケースでは、レシーブ側は「レット」をかけられないのですか？

回答 「レット」はかけられません。インプレイ中にストリングスが切れたときは、「ポイントレット」をかけられないからです。また、ストリングスが切れたラケットの使用を禁止している試合では、次のポイントのサーブをリターンすることもできません。

ストリングが切れたラケットでのプレイを認めていない試合では、「新しいポイントをストリングが切れた状態のラケットでプレイはできない」、「ラリー中にストリングが切れた場合は、ポイント終了までそのラケットでプレイする」などといった記述があります。いずれにしても、次のポイントのときは、ラケットを替えて、プレイしなければいけないということです。

草大会などでは、切れたままのラケットでプレイをする選手もいますが、これは、「切れたストリング」についての明記が試合規定にないから、と思ってください。公認大会などでは、認められていないケースが多いので、予備のラケットをつねに準備するようにしましょう。

095 同じゲームで2本のラケットを交互に使ったとき

質問 試合中2本のラケットを頻繁に替えて、プレイする選手と対戦しました。ラケットをしょっちゅう替えるので、リズムを崩されてしまいます。このような行為は、ルール違反になりませんか？

回答 ポイントとポイント間に、ラケットを替えて、プレイすることはルール違反ではありません。自分のコートの後ろに、ラケットを置いておくことも、ルール違反にはなりません。

もちろん、ラケット交換に20秒以上の時間がかかるようなら、タイムバイオレーションの適用も考えられますが、時間内のラケット交換なら認められています。

096 サーブゲームとリターンゲームでラケットを使い分けたとき

質問 エンドチェンジ毎に2本のラケットを持ち歩き、コートの後ろに置いて、サービスゲームのときは、ストリングスが硬く張ってあるラケットを、レシーブゲームのときは、緩く張ってあるラケットを使用していました。そうしたら相手から、「それはルール違反です」と言われてしまいました。これは本当にルール違反なのですか？

回答 インプレイ中に2本のラケットを手にするか、同時に使用しない限り、すべての大会を通して、ラケットの使い分けはルール違反にはなりません。プロの試合でも、このような選手を見かけることはあります。ただし、インプレイ中にラケットを取り替えてプレイすることは認められていません。

097 ステンシルについての ルールは?

質問 草大会に参加したとき、ストリングスに、ラケットの製造メーカーとは別メーカーのステンシルを入れていたところ、大会レフェリーから、「それはルール違反だから、そのステンシルが入ったラケットは使用できません」と言われてしまいました。これって本当なのですか? ステンシルマークに関するルールを教えて下さい。

回答 ラケットメーカー(ストリングスメーカー)のロゴを、ステンシルマークとして、ラケット面に描くことは、ルールで認められています。その大きさや数、色に関してはルールブックに明記されています。

ラケット面に入れることができるロゴは、フレーム製造業者のもの1つと、ストリング製造業者のもの1つの、計2つまでと定められています。よって、質問のケースのように、製造メーカーとは別メーカーのロゴが入ったラケットは「ルール違反」ということになります。

もともとステンシルマークは、メーカーの宣伝や広告を目的としたものです。Aメーカーのラケットに、Bメーカーのステンシルを入れるのは変な話です。

098 試合中にボールが破損したとき

質問 相手がスマッシュを打った瞬間、ボールがバカッと音をたてて、割れてしまいました。スマッシュがアウトになった相手は、「ボールがパンクした影響でアウトになった」と言って、ポイントのやり直しを主張してきました。このように、試合中ボールが割れたケースはどうすればよいのですか？

回答 インプレイ中に、パンクボール（穴があいたり、裂けてしまっていたり、内圧がゼロになる状態のボール）が発生したら、そのポイントは、ファーストサーブでもセカンドサーブでも、ファーストサーブからのやり直しとなります。よって、質問のケースでは、相手の主張通り、リプレイザポイントにするのが、正しい対処です。

ただし、内圧が下がって、柔らかくなっただけのボールの場合は、ポイントは成立します。また、異常に柔らかくなったボールを発見した場合は、オフィシャルに、そのボールの交換を要求することができます。

(JTA TENNIS RULE BOOK 2015 P9)

099 着用が認められないウエア

質問 ある市民大会に出たとき、3本線が入っている短パンをはいていたら、大会本部から「そのウエアは認められないので着替えてください」と言われてしまいました。市民大会レベルでも、こんなに厳しいウエアの規制ってあるのですか？

回答 市民大会レベルだと、かなり頭の堅い大会と言えますが、オフィシャルがわざわざ言ってきたということは、大会規約にそうしたウエアの規定が明記されているのでしょう。

草トーナメントでも「ウエアは白に限る」、「襟付き以外は認めない」といった伝統のある大会があります。試合に出るときは、どんな大会でも、ドレスコードは確認しておくべきです。

(JTA TENNIS RULE BOOK 2015 P128)

CHECK! ドレスコード

ルールブックには「トーナメントによっては、開催要項に明記して、服装の色や形を規制する場合がある」と記してある。また、テニスウエアの定義として、男子の場合、シャツとショーツ、女子の場合、ワンピース、または、シャツとスコートまたはショーツ、とすると明記されている。草大会などでは、着用するウエアについては、ある程度自由だが、試合に出るときは、一応、大会のドレスコードに目を通すように！

column4

そしてラケットバックは膨らんでいく

　明日が草大会という夜。ちょっと憂鬱になるのが準備でしょう。テニスは、何かと荷物が増えてしまうスポーツです。ラケットも1本というわけにはいかないし、現地に行かないと、ハードなのか、クレーなのか、砂入り人工芝なのか、サーフェスがわからないこともしばしばです。それに、着替え、タオル、etc……ラケットバックがどんどん膨らんでいきます。

　しかし、ルールに気を配るようになれば、これは仕方がないことです。次のパートでは、用具等に関するルールを紹介しています。「ストリングが切れたから負け」、「襟付きのウエア以外は NG だった」では、何のために試合会場まで行ったのかわかりません。試合の前日は、大会要項を読み込んで、しっかり準備を行いましょう。

失敗しがちなのはシューズです。草大会では、1回戦はハードコートで、2回戦は砂入り人工芝コートということもあり得ます。事前に確認して、異なるサーフェスで試合が行われる可能性があるときは、それに合ったシューズを複数足準備しましょう

PART8

ルールとマナーの境界線にある事象

100 前衛が相手サーバーを牽制してきたとき

質問 ダブルスの試合で、レシーバー側の前衛が、サービスボックスの中に身体を大きく乗り出し、相手サーバーを牽制するようなことがありますが、あれはルール違反ですか？ マナー違反ですか？

回答 その行為で、大きな靴音を立てたり、動き回ったりして、意図的にサーバーを幻惑させない限りは、前衛がサービスボックスの中に入ってもルール違反にはなりません。

しかし、サーバーを牽制するような動きを意図的にするのは、マナーの観点からは、見苦しい行為と言えます。また、主審がついた試合では、ヒンダランスを取られることもあるので注意しましょう。

101 相手がサーブで時間をかけすぎるとき

質問 風もなく天気のいい日なのに、サーバーはトスを上げては、ボールを打とうとせず、何回もそうした行為を繰り返します。これはルール違反、マナー違反ではないのでしょうか？ ルールブックにも、「ファーストとセカンドサーブの間は、遅延なくサーブを打たなければならない」ということが明記してあったような気がするのですが？

回答 このような行為を「ルール違反」と明記した記述は、ルールブックにはありません。しかし諸規則（付帯ルール）として、「ポイントとポイントの間は20秒」と定められています。また、「ファーストがフォールトだったらセカンドは速やかに打つこと」と明記されています。その点からすると明らかなマナー違反と言えます。

ただし、各ゲームともサーバーがその主導権を持って始まる（サーバーのリズムに合わせてレシーバーはそれを受ける）ので、現実的には、サーバーがトスを何回も繰り返したとしても、その行為に罰則を与えるのは難しいと思います。

風もないのに、何回もトスをやり直す行為は、マナーとして誉められたものではありません。しかし、トスを何回も上げ直していると、リズムが取れずに、良いサーブも打てないと思います。レシーバーは、そうしたマナー違反の相手に出会っても、イライラせずに、自分のリズムを崩さないことが大事です。

102 フォールトなのにリターンを打ってくるとき①

質問 こちらのサーブが明らかにフォールトなのに、思い切りリターンを打ってくる相手がいますが、あのような行為は許されるのですか！ こうしたレシーバーに、何かペナルティーを科すことはできませんか？

回答 故意にネット越しに返球するのはマナー違反ですが、相手から、「ネットに当てようとしたボールが誤って飛んだだけ」と言われれば、もうそれ以上のクレームはつけられません。セルフジャッジの試合だったらどうすることもできないのが現実です。

ただし、主審のついた試合で、主審が、サーバーのリズムを乱すことを目的に意図的に打っていると判断すれば、アンスポーツマンライクコンダクト（スポーツマンに相応しくない言動・失態）としてコードバイオレーションを適用することもあります。

CHECK! ルールとマナー

主審がついた試合では、ボールの「イン」、「アウト」の判定は、主審が行うが、主審がつかないセルフジャッジの試合では、「イン」、「アウト」の判定はプレイヤーに委ねられる。ここで大切になるのが、マナーだ。基本的に、マナーは、性善説によって成り立っている。セルフジャッジの試合で、相手が打ったボールの「イン」、「アウト」が、瞬時に判定ができなかったときは、「イン」として、相手にポイントを与えるのが、テニスプレイヤーとしてのマナーと言える。

103 フォールトなのに リターンを打ってくるとき②

質問 ファーストサーブのフォールトをかならず打ち返してくるので、そのボールの処理をしなくてはならず、セカンドサーブを打つタイミングを邪魔されてしまいます。こうした行為を取り締まる方法はありませんか？

回答 たしかに迷惑な行為ですが、これはマナーの問題です。左の102と同様に、ルールで取り締まることができません。レシーバーのマナーとしてきれいなのは、フォールトのボールは打ち返さずに、自分側サイドの邪魔にならない場所……跳ね返らないようにそっとネットにかける、ポケットに入れる、バックフェンス際に転がす、など。気を配るようにしましょう。

フォールトなのに また打ち返した！

104 タッチの自己申告①

質問 ダブルスの試合中、こっちの打ったボレーが、相手のウエアに触れた後に、アウトしたように見えましたが、相手は「触っていない」と主張して、相手のポイントになりました。本当は触っているのに、触っていない、と主張されたときは、どう対処すれば良いのですか？

回答 タッチが事実であれば、タッチしたプレイヤーは、それを正直に認めるのがマナーです。ただし、そのプレイヤーが必死で、本当に気づいてないケースもあります(ボールが2バウンドしたかどうかの状況も同様)。セルフジャッジの試合だったら、こちらがタッチしたと思っても、相手がそれを認めなければ、それ以上、深入りしないのがマナーと言えます。

105 タッチの自己申告②

質問 身体の正面に来たボールをボレーしたところ、身体をうまく捌けずに、グリップの上部に当たって、相手コートに返りました。このときには、指にもボールが少し触りましたが、これは有効な返球ですか？

回答 指に触れた時点で「タッチ」の反則になり、相手の得点となります。また、インプレイ中に、ネットやセンターストラップの帯に足が触れた場合も「タッチ」となり、相手の得点となります。

インプレイ中に、ほんの少しだけ触れた「タッチ」は、相手が気づかない場合もあります。しかし、相手が気づいていないとしても、触った自覚があれば、自ら「タッチ」を申し出るのが、テニスプレイヤーとしてのマナーです。

106 隣のコートで大きな声を出す選手がいるとき

質問 隣のコートで試合をしているプレイヤーが、ポイントごとに大きな声を出しています。こちらの試合は緊迫した状況で、隣から聞こえてくる声に、イライラが募るばかりです。こういう自己中心的な「声」はマナーに反していませんか？

回答 試合を行なっているのは自分のコートだけではない……ということ考慮すれば、周りのコートに気を遣うことも大切なマナーです。ただし、隣のコートの声では、ルール違反もマナー違反も指摘することはできません。コート外のマナー違反に振り回されないように集中してプレイしましょう。

107 サーブを打つとき「待った」をかけてくる相手と対戦したとき

質問 サーブの構えに入ると、相手は気を削ぐかのように、「待った」をかけます。しかも、その「待った」は意図的で、大事なポイントに限ってかけてきます。このような相手に対して、何らかの対抗手段はありませんか？

回答 レシーバーは、サーバーのペースに従って、レシーブの構えに入らなければいけない、とルールブックに記されています。質問のケースでは、主審がついた試合なら、コードバイオレーションや、タイムバイオレーションの適応が考えられます。

しかし、セルフジャッジの試合では、そうした反則を取ることはできません。このような相手と対戦したときは、レシーバーの様子を伺いながらサーブの構えに入る、というのが現実的な対応でしょう。それだけ気を遣ってもなお、「待った」をかけてくるようなら、その相手の試合マナーは最低です。対抗手段としては、オフィシャルを呼んで、相手の行為を観察してもらうことが考えられます。

108 「イモ審」を仕掛けてくる相手と対戦したとき

質問 セルフジャッジの試合です。絶対に「イン」と思われるボールを何回も「アウト」とコールされてしまいます。もう試合になりません。このようなジャッジにきたない相手と試合をするときは、どうしたらよいのですか？

回答 セルフジャッジの試合では、どんなにミスジャッジされても、判定の権利を相手が持っているので、ルール上は、訂正することができません。あまりにもひどい場合の唯一の対抗手段は、大会レフェリーや、ロービングアンパイアをコートに呼んで、判定を見てもらうことです。意図的な「イモ審」は最低のマナー違反です。絶対に行わないようにしましょう。

109 意図的にサーブの邪魔をする相手と対戦したとき

質問 サーバーを挑発する目的で、レシーバーが大きく身体を揺さぶったり、ベースラインを前後に動いたりと、サーバーに意図的なプレッシャーを与える選手がいますが、このような行為は許されるのでしょうか？

回答 主審がついた試合で、主審が「意図的にサーバーのリズムを乱す目的で身体を動かしている」と判断すれば、ヒンダランスを取られる場合もあります。

しかし、セルフジャッジの試合（草トーナメント等）では、そのような行為が、ルールを犯していると判定するのは難しく、現実的には、どうすることもできないと思います。サーバーは、「マナーのよくない相手と当たった」と割り切って、集中してサーブを打つことに専念しましょう。

column5

審判員への道

本書で、監修をお願いした岡川恵美子さんは、元全日本選手権シングル優勝者です。高校生だった17歳で一度目の優勝、そして24歳で二度目の優勝。全豪オープンでも3回戦まで進んだ、元世界ランキング120位。その岡川さんが、いまでは、審判として活躍しているのです。

現役時代「ルールブックなんてほとんど読んだことがなかった」という岡川さんは、審判員としてはゼロからのスタートでしたが、ルール講習会に参加して、テストを受けて、C級の資格を取得し、現在はB級審判員で、ITF（国際テニス連盟）のホワイトバッジを持っています。

全日本チャンピオンでいまも審判員として活躍しているのは岡川さんくらいのものです。多くの審判員は、テニスが好きで、審判に興味があった人。やる気があれば、誰でもなれる可能性があるのがテニスのオフィシャルです。

ホワイトバッジを持っている岡川さんは、チャレンジャー大会、フューチャーズ大会では主審を務めています

基本的な
ルール解釈度を
2者択一で50問
3択で25問 (100点満点)

Q&A

Question

基本的なルール解釈度を2者択一で50問

Q1 ダブルスの試合でレシーバーのパートナー(前衛)がサービスサイドのボックス内に立って構えている。これはルール違反になる?
Ⓐルール違反　Ⓑルール違反ではない

Q2 ラケットの規格(長さや大きさ)はルールで定められている。そこで定められているラケットの長さは、29インチ以内(73.66cm以内)とされているが、重さに関する規格はない。
Ⓐ正しい　Ⓑ誤り

Q3 試合に使うボールの「軟化」とはボールを握って軟らかくなっていると判断できる状態のこと。試合中にボールが軟化したとき、そのポイントは?
Ⓐレット(やり直し)になる　Ⓑレットにならない

Q4 ジャンプをしながらサーブを打つのはルール違反?
Ⓐルール違反　Ⓑルール違反ではない

Q5 ノットレディの表明はサーバーがモーションに入る前からサーブを打つ瞬間までにしなければならない。
Ⓐ正しい　Ⓑ誤り

Answer

回答集（一問1点 × 50 = 50点）

A 1 B

自分側のコートサイドであれば、どこにポジションしても構いません。

A 2 A

ラケットに関しては、長さやラケット面の大きさの制限はありますが、重さに関する制限はありません。

A 3 B

ボールが破損した場合（パンク等）はレットとなりますが、ボールが軟らかくなったことを理由にレットとはなりません。

A 4 B

サーブでボールを打つときに両足が空中に浮いていてもルール違反ではありません。ただし、歩いたり、走ったり、助走をつけてジャンプするなど、立っている位置を変えた場合はフットフォールトとなります。

A 5 A

サーブを打った後のノットレディは認められません。ただし、サーバーが、レシーバーのノットレディの表明を確認していなかった場合はレットとなります。また、サーブを打つ直前に急にノットレディを表明したら、セカンドサーブでもファーストサーブからの打ち直しになります。

Question

Q6 間違ったサイドからサーブしたことをポイント終了後に気づいた。このポイントはレット(やり直し)となる？
Ⓐレットになる　Ⓑレットにならない

Q7 試合中、両者(両チーム)ともスコアがわからなくなってしまった。このときは双方が合意できるスコアまでさかのぼり、それに取得したポイントを加算しゲームを再開する？
Ⓐ正しい　Ⓑ誤り

Q8 サーバーがサービスレットをコールしたのにもかかわらず、プレイが続行した場合、そのポイントは？
Ⓐ成立する　Ⓑ成立しない

Q9 隣のコートからボールが入ってきてレットがコールされた。このポイントはセカンドサーブだったが、打ち直すのは？
Ⓐファーストサーブから　Ⓑセカンドサーブから

Q10 相手のサーブが速くてレシーバーはボールがインかフォールトかの判断ができなかった。このようなときはどうなる？
Ⓐレットになる　Ⓑ相手のポイントになる

Answer

A6 Ⓑ
そのポイントは、ポイントを取ったプレイヤーにものとなります。次のサーブからは正規のサイドに戻してプレイを再開することになります。

A7 Ⓐ
スコアやポイントで両者の間に齟齬が生じた場合は、お互いに確認（納得）できる場面まで遡って合意できるポイントを足して、それに直前のスコアやポイントを足して試合を再開しなければいけません。

A8 Ⓐ
プレイが続行した場合のポイントは成立します。ただし、サーバーのコールでプレイが停止した場合は、サーバーの失点になります。サーバーにはレットをかける権利がないからです。

A9 Ⓐ
これはヒンダランスが成立するケースで、セカンドサーブであってもファーストサーブからの打ち直しとなります。

A10 Ⓑ
相手ボールの「イン」、「アウト」をコールできなかった場合は、相手のポイントとなります。

Question

Q11 ノーアドバンテージ方式の試合で 40-40 になったら、サーバーがどちらのサイドでサーブをするか宣言する。
Ⓐ**正しい**　　Ⓑ**誤り**

Q12 ノーアドバンテージ方式の試合で通常と同じようにプレイし、「アドバンテージ A……」とコールところで誤りに気がついた。この場合は 40-40 後のポイントを取ったプレイヤーがゲームを取ったことになる。
Ⓐ**正しい**　　Ⓑ**誤り**

Q13 ノーアドバンテージ方式でミックスダブルスを行なった場合、40-40 となったら男女のサーバーに関係なく、レシーバー側がそのレシーブサイドの選択権を持っている。
Ⓐ**正しい**　　Ⓑ**誤り**

Q14 ダブルスコートで、シングルス・スティックを立ててシングルスの試合をしていたとき、シングルス・スティックより外側のネットにプレイヤーが触れたらどうなる？
Ⓐ**触れたプレイヤーの失点**　　Ⓑ**反則にならない**

Q15 ネットやネットポストには触れることなく、ネットの仮想延長線上を越えて相手コート側に身体が入ってしまった。この場合、どうなる？
Ⓐ**レット**　　Ⓑ**プレイ続行**

Answer

A11 Ⓑ
ノーアドバンテージ方式の試合で40-40となった場合は、リターンはレシーバーチョイスとなり、レシーバーがサイドを決定します。

A12 Ⓑ
誤りに気づいたら、もう1ポイントプレイし、次にAが取ればAのゲーム取得、Bが取ればデュースとなり、ここから通常のノーアドバンテージ方式に切り換えます。

A13 Ⓑ
男性がサーバーならば男性がリターン。女性がサーバーならば女性がリターンしなくてはいけません。

A14 Ⓑ
シングルス・スティックより外側のネットはダブルスコートの扱いになるので、タッチの反則とはなりません。

A15 Ⓑ
身体がネットの仮想延長線上を越えても、ネットや相手コートに触っていない場合は、プレイを続行します。

Question

Q16 ネット際でボレーをしたときにフォロースルーでラケットが相手のコート側に入ってしまった。ラケットも身体もネットには触れていない。この場合でもボレーをしたプレイヤーの失点となる？
Ⓐ **失点になる**　Ⓑ **失点にはならない**

Q17 ダブルスのラリー中にネットポストにボールが当たって相手コートに入り、相手はそのボールを取れなかった。この場合のポイントは？
Ⓐ **こちらのポイント**　Ⓑ **相手のポイント**

Q18 ダブルスの試合で、ネットに触れたサーブを相手の前衛がコートに落ちる前にキャッチしてしまった。この場合、サービスレットとなる？
Ⓐ **レットになる**　Ⓑ **こちらのポイントになる**

Q19 ダブルスの試合でサーブがネットに触れることなく相手前衛の足に直接当たった。この場合、ポイントはどうなる？
Ⓐ **サーバーの得点**　Ⓑ **フォールト**

Q20 インプレイ中に帽子が風で飛んでネットに触れた。この場合、どうなる？
Ⓐ **帽子をかぶっていたプレイヤーの失点**　Ⓑ **プレイ続行**

Answer

A16 Ⓑ
ボールをヒットした場所が自分コート（ネットの仮想延長線上より手前）であれば、ファウルショットにはなりません。

A17 Ⓐ
ネットポストは、パーマネント・フィクスチュアではないので、このショットを打ったプレイヤーの得点となります。

A18 Ⓐ
サーブがネットに触れた時点で、判定は「レット」か、「フォールト」しかありません。ボールを掴んだことで、「フォールト」の判定ができなくなったわけです。

A19 Ⓐ
打ったサーブがノーバウンドで相手に当たったときは、どんな場合でも、サーバー側の得点となります。

A20 Ⓐ
帽子がコートに落ちただけなら「レット」、もしくは「プレイ続行」となりますが、飛んだ帽子がネットに触った場合は、「タッチ」の反則で失点となります。

Question

Q21 ラケットがすっぽ抜けて自分のコートに落ちたが、ボールは相手コートに飛んで相手は打ち返すことができなかった。この場合はラケットを落としたプレイヤーの失点となる？
Ⓐ落としたプレイヤーの失点　　Ⓑ相手の失点

Q22 ダブルスの試合で、第3ゲームがデュースになったときにレシーブサイドを間違えていることに気づいた。このような場合、以降のゲームは間違ったままのレシーブサイドで試合を続行する？
Ⓐ間違ったまま続行する
Ⓑ次のレシーブゲームから正しいサイドに戻す

Q23 試合開始前のトスで、トスに勝ったほうは、サーブかレシーブかを選択しなければならない。
Ⓐ正しい　　　Ⓑ誤り

Q24 インプレイ中に他のコートからボールが入ってきたら、どちらのプレイヤーも「レット」のコールができる。
Ⓐどちらのプレイヤーもできる　　Ⓑサーバーのみできる

Q25 ファーストサーブでシングルス・スティックが倒れた。ボールはネットを越えていない。シングルス・スティックを立て直した後のサーブはファーストサーブか？　それともセカンドサーブか？
Ⓐファーストサーブ　　Ⓑセカンドサーブ

Answer

A21 Ⓑ

ボールを打った後にラケットが手から離れた場合は、それだけでは反則になりません。ただし、手から離れたラケットが、ネットに触ったり、相手コートまで飛んでいった場合は、失点となります。

A22 Ⓑ

間違いに気づいたら、次のレシーブゲームからは通常のサイドに戻して試合を続行します。

A23 Ⓑ

トスに勝ったプレイヤーには、サーブかレシーブかの選択だけでなく、エンドの選択権と、相手に選択権を譲る権利があります。

A24 Ⓐ

他のコートからボールが入ってきた場合は、ヒンダランスとなり、どちらのプレイヤーでもレットをコールすることができます。

A25 Ⓐ

打ったサーブがフォールトでも、シングルス・スティックを直すのに時間がかかるので、ファーストサーブからの打ち直しになります。

Question

Q26 プレイヤーAがドロップショットをキャッチしたと思ったとき、対戦相手のプレイヤーBが「ノットアップ！」とコールしながら、返ってきたボールをボレーしてポイントが終了した。これはどちらのポイントになる？
Ⓐプレイヤー A のポイント
Ⓑプレイヤー B のポイント

Q27 セカンドサーブをフォールトとコールされたが、その直後に「ゴメンなさい、入っていました。ファーストサーブからの打ち直しにしてください」と言われた。正しいのは？
Ⓐファーストサーブからの打ち直し
Ⓑレシーバーの失点

Q28 ファーストサーブはフォールトだったが、そのサーブでレシーバーのストリングスが切れてしまった。レシーバーがラケットを交換した後のサーブはファーストサーブ？ それともセカンドサーブ？
Ⓐファーストサーブ　　Ⓑセカンドサーブ

Q29 試合コートにフォールトになったボールがあり、セカンドサーブの試合球がそのボールに当たってしまった。この場合はどうなる？
Ⓐレット　　Ⓑプレイを続行する

Q30 セルフジャッジの試合ではサービスレットをコールできるのはレシーバーだけ？
Ⓐレシーバーだけ　　Ⓑサーバー、レシーバー双方ができる

Answer

A26 Ⓐ

プレイヤーAのポイントです。プレイヤーBに「ノットアップ」をコールする権利はありません。

A27 Ⓑ

判定をコールしたプレイヤーがその間違いを認めたときは、「レット」ではなく、それをコールしたプレイヤーの失点となります。

A28 Ⓐ

質問のケースではⒶが正解ですが、レシーバーはかならずしもラケットを替える必要はありません。そのままのラケットでセカンドサーブを受けることができます。ただし、そのようなプレイヤーはほとんどいないと思います。レシーバーがラケットを交換した場合は、ファーストサーブからの打ち直しとなります。

A29 Ⓑ

ボールを試合コート内に残したままポイントを始めた場合、そのボールに試合球が当たったときは、試合球でプレイを続行しなければいけません。

A30 Ⓐ

サーバーが自分のサーブの、「イン」、「アウト(フォールト)」、「ネット」のコールをすることはできません。

Question

Q31 ダブルスの試合中にサーバー側の前衛がネットを越えて（ネットポストに触れずに外側を通って）、相手コート側（コート内には入らず）に走りこんでしまった。この場合、ポイントはどうなる？
Ⓐ **サーバー側の失点** Ⓑ **ポイント続行**

Q32 ラケットの振動止めがプレイ中に外れ、ポイント終了後に相手コートで見つかった。この場合は、ポイントはどうなる？
Ⓐ **振動止めの持ち主の失点**
Ⓑ **ポイントには無関係**

Q33 ダブルスの試合ではレシーバー側の前衛は自陣のコート内で構えなければいけない。
Ⓐ **正しい** Ⓑ **誤り**

Q34 スコアで対戦相手と対立してしまったときには、サーバー側の意見が優先される。
Ⓐ **正しい** Ⓑ **誤り**

Q35 セルフジャッジの試合では、ファウルショットのコールは、それを犯したプレイヤーの自己申告に委ねられている。
Ⓐ **正しい** Ⓑ **誤り**

Answer

A31 Ⓑ

相手を妨害する目的で相手コートに入る場合を除いては、ネットポスト外側（ポストに触れることなく）を越えて、相手コート側に走りこんでもヒンダランスを取られることはありません。

A32 Ⓑ

振動止めがラケットから外れたことをインプレイ中に確認できなければ、それによる失点にはなりません。

A33 Ⓑ

自分側のコート内外、どこに立って構えていても OK です。ダブルスコートのエリア内に限られていません。

A34 Ⓑ

両者が納得できるスコアまで遡って合算できるポイントを加算し、そのスコアから試合を再開させます。

A35 Ⓐ

プレイヤーのスポーツマン精神に則ったマナーに頼るしかありません。場合によっては、本人でも気がつかない場合もあります。相手のファウルショットはコールできません。

Question

Q36 シングルスの試合で、サーブがネットポストに当たって角度を変えて相手コートに入った。この場合、どうするべき？
Ⓐインとしてプレイ続行　　Ⓑフォールト

Q37 ネットはパーマネント・フィクスチュアに含まれる。
Ⓐ正しい　　Ⓑ誤り

Q38 リターンがシングルス・スティックに当たって、相手のコートに入った。この場合、どうなる？
Ⓐプレイ続行　　Ⓑリターンを打ったプレイヤーの失点

Q39 レシーバーの返球準備ができていないうちに打ったサーブがフォールトゾーンへ。これはフォールトになる？
Ⓐフォールト　　Ⓑサーブの打ち直し

Q40 セカンドサーブで始まったプレイ中に隣コートからボールの侵入があった。やり直しはファーストサーブから？　セカンドサーブから？
Ⓐファーストサーブから　　Ⓑセカンドサーブから

Answer

A36 Ⓑ
サーブがネットポストやシングルス・スティック(ダブルスネットでシングルスをしているとき)に当たった時点でフォールトになります。

A37 Ⓑ
パーマネント・フィクスチュアではありませんが、ダブルス・シングルス共用のコートでシングル・スティックを立てて(シングルの試合を)行なっている場合、シングルス・スティックの外側のネットはパーマネント・フィクスチュア扱いとなります。

A38 Ⓐ
サーブ以外のショットが、シングル・スティックや、ネット・ポストに当たった場合はプレイ続行です。

A39 Ⓑ
サーバーはレシーバーが返球の準備ができるまでサーブすることはできないので、打ったサーブがフォールトになっても、打ち直しとなります。

A40 Ⓐ
ボールの侵入があった時点でヒンダランスが成立。セカンドサーブでのプレイでも、ファーストサーブからのやり直しとなります。

Question

Q41 プレイヤーAの手から離れたラケットにボールが当たって、相手プレーヤーBのコートに返り、それがエースとなった。この場合のポイントは？
Ⓐプレーヤー Aの得点　　Ⓑプレーヤー Bの得点

Q42 インプレイ中、コート上空を飛んでいた鳥にボールが当たった。そのときのポイントは？
Ⓐ当てたプレイヤーの失点　　Ⓑレット

Q43 サーバーがサイドラインの仮想延長線のライン上を踏んでサーブを打った。この場合は？
Ⓐフットフォールト　　Ⓑフットフォールトではない

Q44 サーブがダイレクトで線審に当たった。この場合は？
Ⓐフォールト　　Ⓑサービスレット

Q45 まぶしさを軽減させるためのサングラス使用は認められているが、曇りの日などに、視線を悟られないために使用するのは反則である。
Ⓐ反則　　Ⓑ反則でない

Answer

A41 Ⓑ
このケースは、プレイヤーBの得点ですが、打球後にラケットが手から離れた場合は、プレイヤーAの得点となります。

A42 Ⓑ
両方のプレイヤーに関係ない第三者がプレイを妨げたケースに相当するので、レットをコールしてポイントのやり直しとなります。

A43 Ⓑ
サイドラインの仮想延長線外側の地面を踏んだときは、フットフォールトとなりますが、線上はコート内と判断されます。

A44 Ⓐ
このサーブはフォールトです。線審はパーマネント・フィクスチャー扱いです。

A45 Ⓑ
サングラスの着用は天候に関係なく認められています。

Question

Q46 ウォーミングアップスーツを着たまま試合を行うことは認められていない。
Ⓐ**正しい**　Ⓑ**誤り**

Q47 プレイ中、転んでウエアが破れたときは、ウエア交換のための時間を取ることができる。
Ⓐ**正しい**　Ⓑ**誤り**

Q48 打ったボールが思うように飛ばないので、ポイント終了時にボールをチェックすると、空気が抜けて軟らかくなっていた。この場合、前のポイントの扱いは？
Ⓐ**前のポイントはやり直し**　Ⓑ**ポイントは成立する**

Q49 ダブルスコートを使ってシングルスの試合をするとき、ダブルスラインに立ってからサーブを打った。これは？
Ⓐ**フットフォールト**　Ⓑ**正しいサーブ**

Q50 シングルスの試合で、サーブがシングルス・スティックに当たった後、相手のサービスエリアに入った。この場合はレットになる。
Ⓐ**正しい**　Ⓑ**誤り**

Answer

A46 Ⓐ

公認大会では特別な理由がない限り認められていませんが、冬の草トーナメントならば、ウォーミングアップスーツを着用したままのプレイも問題ないと思われます。

A47 Ⓐ

プレイ中に破損したウエアを交換することは認められています。

A48 Ⓑ

ソフトボール(空気が抜け軟らかいボール)の場合は、これまでにプレイされたポイントは成立し、その後のポイントはボール交換が可能です。

A49 Ⓐ

これはフットフォールトです。センターマークから、シングルスのサイドラインの範囲でサーブを打たなければいけません。

A50 Ⓑ

これはフォールトです。ただし、サーブ以外のショットでシングルス・スティックに当たった場合は、ネットの一部となるので、プレイを続行しなければいけません。

Question

試合で知っておきたいルールの基礎を3択で25問

Q51 セカンドサーブでトスを上げた瞬間、他のコートからボールが入ってきた。この場合どうなる?
Ⓐレットをコールし、ファーストサーブから行う
Ⓑレットをコールし、セカンドサーブから行う
Ⓒレットをかけずにポイントを続行する

Q52 コートサイドで観戦していた観客が、ラリー中に思わず「アウト!」と叫び、その声を聞いて片方の選手がボールを止めてしまった。この場合どうなる?
Ⓐヒンダランスが適用され、ポイントのやり直しとなる
Ⓑボールを止めた選手の失点となる
Ⓒボールを止めてしまったのが、この試合で初めてであれば、このポイントはレットとなり、もし2度目のことであればボールを止めた選手の失点となる

Q53 ボレーをした瞬間、ラケットが弾き飛ばされてしまったが、ボールは相手コートに入って返球されなかった。この場合どうなる?
Ⓐファウルショットとなり、ラケットを落とした選手の失点となる
Ⓑヒンダランスがコールされ、ラケットを落とした選手の失点となる
Ⓒボレーをした選手の得点となる

Answer

回答 (一問2点× 25 = 50点)

A51 Ⓐ

他のコートからボールが入ってきたことがヒンダランスに当たります。意図的な行為以外の妨害行為があった場合は、ファーストサーブからのやり直しとなります。

A52 Ⓑ

セルフジャッジの試合では、ボールの「イン」、「アウト」の判定は、プレイヤー自身で行わなくてはなりません。

A53 Ⓒ

弾き飛ばされたラケットがネットに触ったり、相手コートに飛んだ場合は失点となりますが、自分のコートに落ちた場合は有効返球です。

Question

Q54 室内コートで試合をしているとき、打ち上げたロブが天井に当たったが、落ちてきたボールは相手コートに入った。この場合どうなる？
Ⓐ天井の高さが12メートル以下の場合は、レットとなる
Ⓑプレイを続行する
Ⓒロブを打った選手の失点となる

Q55 コート外から打ったボールが審判台の脚の間を抜けて、相手コートに入ってエースとなった。この場合どうなる？
Ⓐこのボールを打った選手の得点となる
Ⓑこのボールを打った選手の失点となる
Ⓒレットとなる

Q56 対戦相手がジュニア用のラケットを使用していた。こうしたノーマルサイズ以外のラケット使用は認められる？
Ⓐ公認大会では認められないが、草トーナメントでは認められる
Ⓑ認められない
Ⓒ認められる

Answer

A)54 Ⓒ

室内コートの天井はパーマネント・フィクスチュアの扱いです。ボールが当たった時点でロブを上げた選手の失点となります。ただし、天井の骨組みを擦り抜けて落下してきたボールの場合は、プレイを続行しなければいけません。

A)55 Ⓐ

打った場所がどこであろうとも、ボールがパーマネント・フィクスチュア（審判台の脚など）に触っていないのであれば、有効返球です。

A)56 Ⓒ

ラケットについて制限があるのは、全長と打球面の大きさに関してだけです。ジュニア用のラケットは、全長も短いし、打球面も小さいので、この制限外。使用しても問題ありません。

Question

Q57 ドロップショットを返そうとネット際に走りこんだプレイヤーの上半身が、ボールを打った後に、ネットの仮想延長線上を越えてしまった。この場合どうなる？
Ⓐポイントを続行する
Ⓑボールを打った選手の失点となる
Ⓒレットとなる

Q58 サーブでトスを上げたとき、ポケットに入っていた予備のボールが落ちたので、サーバーはサーブを打たずにトスしたボールをキャッチした。この場合どうなる？
Ⓐフォールトとなる
Ⓑインプレイ中に持ち物を落としたとして処理される
Ⓒ何の処罰も受けない

Q59 サーバーがセカンドサーブを打つ寸前に、レシーバーが手を上げて「ノットレディ」を表明していることに気づいた。この場合どうする？
Ⓐサーブを打ってプレイを続行
Ⓑファーストサーブからのやり直しとなる
Ⓒセカンドサーブからのやり直しとなる

Answer

A57 Ⓐ

ボールを打った後に、相手側のコートに身体が入ってしまったとしても、ネットに触れていなければ何の問題もありません。

A58 Ⓒ

サーバーはまだサーブを打っていないので、何のお咎めも発生しません。

A59 Ⓒ

ノットレディの場合は、ファーストならファースト、セカンドならセカンドからの打ち直しとなります。また、サーブを打った後に、相手からノットレディと言われた場合も、同様の打ち直しとなります。

Question

Q60 A対Bのシングルスの試合で、本来はAがサーブの順番なのに、Bがサーブを打ってしまい、ファーストサーブがフォールトになったところで間違いに気づいた。この場合どうなる？

Ⓐ Aのサーブに戻し、ファーストサーブからゲームを再開する

Ⓑ Bがそのポイントを失点し、その上でAのサーブに戻し、ゲームを再開する

Ⓒ Aのサーブに戻し、セカンドサーブからゲームを再開する

Q61 サーブがネットに当たって大きく弾み、ボールがコートに落ちる前にレシーバーが手で掴んでしまった。この場合どうなる？

Ⓐ レシーバーの失点となる

Ⓑ サービスレットとなる

Ⓒ レシーバーにアンスポーツマンライクコンダクトのコードバイオレーションが科される

Q62 ベースライン際のボールをAが「アウト」とコールしながらも打ち返してきたので、Bはそのボールをボレーで決めた。この場合どうなる？

Ⓐ 打ったボレーが入っていたらBの得点となる

Ⓑ 「アウト」をコールをしたAの得点となる

Ⓒ レットとなる

Answer

A60 Ⓐ

シングルスではあり得ないサーブの順番間違いですが、ダブルスのタイブレークではたまに順番間違いが起こります。108ページを参考に、しっかり対処法を頭に入れておきましょう。

A61 Ⓑ

サーブがネットに当たった時点で、「レット」か「フォールト」の判断しかありません。手でボールをつかんだ瞬間に、「フォールト」の選択肢をなくしてしまったということです。

A62 Ⓑ

「アウト」とコールした時点で、そのボールは「アウト」となります。ジャッジのコールがあった時点でプレイを停止するのが正しい対応です。ただし、Aが「イン」としてボールを追いかけたのなら、Aが誤った判定をしたと見なされるのでAの失点となります。

Question

Q63 ネット際にフラフラと上がったボールをボレーしてポイントが決まった。しかし、このときにフォロースルーではラケットが相手コート側（空中）に入っていた。この場合どうなる？
Ⓐ ボレーを打った選手の得点となる
Ⓑ ボレーを打った選手の失点となる
Ⓒ レットとなる

Q64 サーブ後、サーバーの手からラケットがすっぽ抜けてしまった。レシーバーはそのサーブ（イン）を返すことができなかった。すっぽ抜けたラケットは転がってネットにかかって止まっている。この場合どうなる？
Ⓐ サーバーの得点となる
Ⓑ レシーバーの得点となる
Ⓒ レットとなる

Q65 プレイ中にシューズが脱げたので、そのままプレイを続行していると、そのシューズに相手のボールが当たってしまった。この場合どうなる？
Ⓐ インプレイ中にボールを落としたときと同じルールが適用される
Ⓑ シューズの持ち主の失点となる
Ⓒ シューズが脱げた瞬間にレットとなる

Answer

A63 Ⓐ
相手コートでボールを打った場合はファウルショットとなりますが、打った後にラケットが相手コートに入ってもファウルショットにはなりません。

A64 Ⓑ
質問のケースはサーバーのタッチとなり、レシーバーの得点となりますが、もし、レシーバーがミスした後のタイミングでラケットがネットに触ったのならサーバーの得点です。また、ラケットがネットに当たらずコート内にある場合もサーバーの得点になります。

A65 Ⓑ
インプレイ中に脱げたシューズは、ボール（持ち物）とは違い、ラケットを落としたときと同じ扱い。落ちたラケットにボールが当たったときは、ラケットの持ち主の失点となるのと同じ解釈です。

Question

Q66 ラリー中、ボールがネットに当たってセンターストラップが外れてしまった。この場合どうなる？
Ⓐ ボールがネットを越えないときはそのボールを打った選手の失点となる
Ⓑ ネットに当たったボールがネットを越えればレットとなる
Ⓒ センターストラップが外れた瞬間にレットとなる

Q67 ゲーム中のスコアで、40-15 と 30-30 の 2 つの主張で選手同士が対立した。次のポイントはどのスコアから始めるのが正しい？
Ⓐ 両者とも 1 ポイントずつ取得したのが確実に納得できる 15-15 からの再開となる
Ⓑ 前の 1 ポイントのみの判定を訂正して再開する
Ⓒ 意見の相違があるときは 0－0 からプレイをやり直す

Q68 インプレイ中にストリングが切れてしまったが、そのままプレイを続行してポイントを取った。このポイントは認められるか？
Ⓐ 認められる
Ⓑ 認められない
Ⓒ ストリング切れた時点でレットとなる

Answer

A66 Ⓐ、Ⓑ

Ⓒと答えた方もいると思いますが、センターストラップの下のほうに当たって(明らかにネット)外れる場合もあるので、この質問のケースでは、Ⓐ、Ⓑと答えるのが正解です。

A67 Ⓐ

ポイントに関して、両者の見解が食い違った場合は、両者が納得できるポイントまで戻って、直近のポイントを加えたところからの再開となります。

A68 Ⓐ

インプレイ中にストリングが切れた場合は、そのままプレイを続行しなければいけません。そのプレイで得たポイントは認められます。

Question

Q69 トスをした後のウォームアップ中、雨が降ってきて30分間の中断に。雨が止みウォームアップが再開するとき、トスに勝ったプレイヤーは選択をやり直すことはできる?
Ⓐできない
Ⓑできる
Ⓒトスをもう一度やり直す

Q70 インプレイ中のボールがコート内でバウンドした後に線審に当たった。これは誰の得点になる?
Ⓐこのボールを打ったプレイヤーの得点
Ⓑこのボールを打ったプレイヤーの失点
Ⓒ誰の得点にもならずレットとなる

Q71 ファイナルセットに入ったらスーパータイブレーク(マッチタイブレーク)方式で行うと決められていたが、ファイナルに入って1ゲーム終了時(タイブレークを行なわず)に、その誤りに気がついた。この場合どうなる?
Ⓐそのままゲームを続け、6-6になったら通常のタイブレークを行なう
Ⓑ1ゲームはなかったことにして、スーパータイブレークに切り替える
Ⓒそのまま通常のゲームを行ない、3-0、3-1となったら3ゲームを取ったプレイヤーの勝利。もし2-2となったらスーパータイブレークを行なう

Answer

A69 Ⓑ

トスの結果（トスに勝ったプレイヤー）は変わりませんが、選択をもう一度考え直すことができます。

A70 Ⓐ

線審やボールボーイは、ルールとしては審判台と同じく、パーマネント・フィクスチュア扱いとなります。

A71 Ⓒ

もし5ゲーム以上過ぎてその間違いに気づいた場合は、このセットは、通常のタイブレークセットとしてプレイを続けなければいけません。

Question

Q72 ファイナルセット4―3のエンドチェンジ中、片方の選手が「シューズの中が汗で滑るのでソックスを履き替えたい」と申し出てきた。このリクエストは通る？

Ⓐ ソックスの履き替えは認められない
Ⓑ 3分間のみ時間が与えられる。ただしこのリクエストは3セットマッチで1回のみ
Ⓒ 替えのソックスの用意があれば1試合に1回認められる

Q73 コンタクトレンズをしていたプレイヤーが、試合途中で、片方を紛失してしまったので、「車に置いてあるメガネに取り替えたいので、エンドチェンジのとき時間を余分にもらえませんか？」と聞いてきた。このアピールはどのように処理される？

Ⓐ メガネは試合に必要な用具の一つとして見なされるので、理にかなった時間内で取りにいくことができる
Ⓑ 5分間の時間が与えられるが、プレイヤーはコートを離れることはできないので、友人など第三者に取ってきてもらう
Ⓒ 特別な延長時間は認められない

Answer

A72 Ⓒ

汗で湿ったソックスの交換は、コート内に予備がある場合に限り、1試合に1回認められています。ただし、履き替えるタイミングは、エンド交替時かセットブレーク時です。

A73 Ⓐ

コンタクトレンズを落としてしまった場合は、それを探すための理にかなった時間が与えられます。また、それでも見つからなかった場合は、「用具の不具合」として、代用品を取りにいくことができます。

Question

Q74 コート上に大きな葉っぱが落ちていたが気にすることなくプレイを続けていた。ところが、あるショットがその葉っぱに当たって、打ち返すことができなかった。この場合どうなる?
Ⓐ レットとなる
Ⓑ ポイントは成立する
Ⓒ 葉っぱにボールを当てたプレイヤーの失点となる

Q75 ハードコートのダブルスで、相手のファーストサーブをフォールトと言うと、相手の前衛が「ラインに乗っています」と言ってきた。この場合どうする?
Ⓐ 「イン」の判定が優先されファーストサーブのやり直しとなる
Ⓑ 「フォールト」の判定が優先されセカンドサーブとなる
Ⓒ ロービングアンパイアなどのオフィシャルを呼んで判定してもらう

Answer

A 74 Ⓑ

ポイントが始まったときから葉っぱが存在していた場合、ラリー中のボールがそれに当たってもプレイを続行しなければいけません。ただし、ラリー中に葉っぱが落ちてきて、それにボールが当たったような明らかな妨害があった場合は、レットが成立します。

A 75 Ⓑ

ハードコートの試合では、ボールマークのチェックをすることは許されていないので、打ったサーブはフォールトとなります。ボールマークのチェックが許されているのは、クレーコートの試合だけです。

column6

気持ちよく戦うために

本書は、テニスの基本ルールを踏まえながら、試合で起こりそうな実例を挙げて、「そのときどうする?」……といった解決法を紹介しています。

私たちが主に戦うのはセルフジャッジの試合です。審判がジャッジしてくれるわけではありません。問題が起こったら、自分たちで解決しなければいけません。そのとき、唯一の助けとなるのが「ルール」についての知識です。逆に言えば、ルールを知らずに戦うことはできないはずです。

それにルールに詳しくなると、試合観戦もぐっと楽しくなります。ルールを知ることで、気づかなかったことが見えてくるのです。

ラケットを地面に叩き付けようとした選手が、直前で思い止まったような場面を見たことがありませんか? もし、叩き付けてしまうと、選手は Racket Abuse という警告を受けてしまいます。これは、1回目は警告だけですが、2回目は1ポイントを失い、3回目になると1ゲームを失う、という厳しい罰則です。

思い止まったときは「まだまだ冷静さが残っているな〜」とか、ラケットを叩き折ったときは「うわー、本気で熱くなっている!」なんてことがわかって、選手心理を感じながらの観戦ができるわけです。

また、ハードコートの試合なのに、打ったボールの跡をチェックする姿を見たこともあると思います。選手は、もちろんハードコートではボールマークについて抗議できないことを知っています。しかし、あえて、そうすることで

「おい、おい、ちゃんと見てくれよ!」と審判たちにプレッシャーを与えているのです。そんなときのラインジャッジの引き攣った表情なんかも試合風景の一部。ルールを熟知していると、そんな楽しみ方もできるのです。

試合終了後に、主審と握手しない選手を見かけることもありますが、そんなときの試合は、たいてい後味が悪いものです。それは、セルフジャッジの試合でも同じです。

ジュニアの試合などでたまに見かけるのが、「きわどいボールはすべてアウト」という泥試合です。セルフジャッジでは、相手コートで起こった出来事にクレームをつけることはできません。ライン際のボールを一方が「アウト」と言ったときに、もう一方が、報復的に「アウト」と返すと、もう収拾がつかなくなってしまいます。そんな試合は見ていて気分が悪くなります。戦っている本人も楽しくはないはずです。

戦い終えたときに、相手と気持ちよく握手するためにも、ルールとマナーをしっかり学んでいきましょう!

あとがき

RESPECT から始まるゲーム

　テニスはサーブから始まります。サーブの由来は、相手が受けやすいようにボールを打つというもので、言葉通り「奉仕」の意味です。元々は高貴なスポーツだったテニスも、今では身近で気軽に楽しめるスポーツとなり、また、プロテニスの世界では、格闘技のような試合が行われています。どんなレベルでも、試合をする楽しさ、大会に出る緊張感、相手に打ち勝つべく走り回る爽快感は格別です。それがテニス最大の魅力です。真剣さは、アマチュアも世界のトップも変りません。そして、そこには勝者がいて、敗者がいます。

　テニスはお互いにルールに則って、相手を RESPECT（尊重）しながらプレイするスポーツです。自分側のジャッジを自分たち行う「セルフジャッジ」……こんなルールは他のスポーツではあまり見られないかもしれません。それが成立するのは、互いの RESPECT があるからです。

　私自身、プロで真剣勝負をしていたときは、審判にかみついたこともあります。そんな自分が審判員になり、いまでは、選手からかみつかれる立場です（笑）。しかし、そんなとき、私を助けてくれるのが「ルールへの理解」です。ルールをちゃんと理解することの大切さがわかりました。

　本書は「こんなときはどうするの？」といったテニスルールの事例をわかりやすく解説してみました。セルフジャッジの試合では、ルールブックにも明記されていないことがしばしば起こります。テニスという素晴らしいスポーツが、スポーツマンシップに則り、フェアにお互いを尊重して、勝っても負けても「楽しいゲームだった。またやろう！」となるように、ルールもしっかりと学んでいきましょう！

監修者

岡川恵美子（日本テニス協会公認審判員）

1964年12月26日生まれ。東京都出身。7歳からテニスを始め、1982年、17歳で全日本選手権に優勝。1988年には全豪オープンで3回戦進出。1990年に全日本選手権で2度目の優勝。フェドカップの代表選手に選出される。自己最高世界ランキングは120位。結婚・出産後の2004年からベテラン大会に挑戦。40歳以上、45歳以上で優勝。また、審判員として、日本テニス協会公認B級審判員、ITFホワイトバッジを取得。国内で開催される一般、ジュニア大会のオフィシャルとしても活躍中。

<STAFF>

編集協力	井山編集堂
イラスト	庄司　猛
本文デザイン	上筋英彌・上筋佳代子（アップライン株式会社）
カバーデザイン	坂井栄一（坂井図案室）

すぐに試合で役に立つ！
テニスのルール・審判の基本

2015年8月24日　初版第1刷発行

監修者	岡川恵美子
発行者	増田義和
発行所	実業之日本社
	〒104-8233　東京都中央区京橋3-7-5　京橋スクエア
	電話　03-3562-4041（編集）　03-3535-4441（販売）
	実業之日本社ホームページ　http://www.j-n.co.jp/
印刷所	大日本印刷（株）
製　本	（株）ブックアート

©Emiko Okagawa 2015 Printed in Japan
ISBN978-4-408-45566-2（学芸第一）

落丁・乱丁の場合はお取り替えいたします。実業之日本社のプライバシーポリシー（個人情報の取り扱い）については上記ホームページをご覧ください。

本書の一部あるいは全部を無断で複写・複製（コピー、スキャン、デジタル化等）・転載することは、法律で認められた場合を除き、禁じられています。また、購入者以外の第三者によるいかなる電子複製も一切認められておりません。